Pyhä Matka

Swamini Krishnamrita Prana

Mata Amritanandamayi Center, San Ramon
Kalifornia, Yhdysvallat

Pyhä Matka
Swamini Krishnamrita Prana

Julkaisija:
Mata Amritanandamayi Center
P.O. Box 613
San Ramon, CA 94583
Yhdysvallat

———————————— *Sacred Journey (Finnish)* ————————————

Copyright © 2005 Mata Amritanandamayi Mission Trust, Amritapuri, Kerala, 690 546, Intia
Kaikki oikeudet pidätetään. Tämän painotuotteen tai sen osan tallentaminen, siirtäminen, uudelleen tuottaminen, jäljentäminen tai kääntäminen kaikilta osin ja kaikissa muodoissa ilman julkaisijan etukäteen antamaa kirjallista lupaa kielletään.

Ensimmäinen painos MA Centerin· huhtikuu 2016

Suomen kotisivut: www.amma.fi

Intiassa:
www.amritapuri.org
inform@amritapuri.org

En näe tulevaisuuteen
Enkä liioin välitä nähdä.
Mutta yhden näyn näen selvänä edessäni kuin elämä itse.
Ikiaikaisen Äidin heränneenä jälleen,
Istuen uudistuneena valtaistuimellaan
Loistavampana kuin koskaan.
Julista Hänet kaikelle maailmalle
Rauhan ja siunauksen äänellä.

Swami Vivekananda

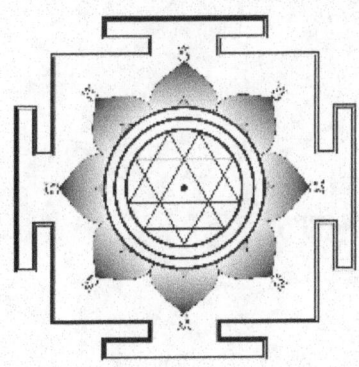

Sisältö

Esipuhe	6
Luku 1 *Amman lapsuus*	9
Luku 2 *Polku Amman luo*	19
Luku 3 *Varhaiset vuodet*	27
Luku 4 *Gurun myötätunto*	35
Luku 5 *Amman elämä on hänen opetuksensa*	49
Luku 6 *Kiintymys Guruun*	59
Luku 7 *Pyhä matka*	71
Luku 8 *Elämä on sadhanamme*	79
Luku 9 *Epäitsekäs palvelu*	91
Luku 10 *Ponnistelu ja armo*	105

Luku 11
Epäitsekkyys ja nöyryys 115

Luku 12
Luopuminen 129

Luku 13
Asenne merkitsee eniten 138

Luku 14
Kaikkitietävä Äiti 147

Luku 15
Muuttaen elämiä 159

Luku 16
Kehojen, mielien ja sielujen uudistaminen 169

Luku 17
Sisäisen vahvuutemme herättäminen 179

Luku 18
Maanpäällisen taivaan löytäminen 189

Sanasto 197

Kappaleiden lopussa olevat runot on kirjoittanut
Swamini Krishnamrita Prana vuonna 1984

Esipuhe

"Kun silmilläsi on kyky nähdä olemassaolon pinnan alle, tulee elämäsi olemaan täynnä iloa."
— Amma

Olin aina ollut tyytyväinen olemaan taka-alalla Amman läheisyydessä, seuraten jumalallista näytelmää edessäni. Olin tyytyväinen sivustakatsojana ja minulle riitti osittaiset tulkinnat siitä mitä hän sanoi, ilman että ymmärsin aina mitä todella tapahtui.

Usein rukoilin Ammaa: "Ei ole tapanani juosta perässäsi niin kuin monet ihmiset tekevät. Joten jos haluat minun tulevan lähemmäksi, on Sinun vedettävä minut lähemmäksi, sillä en kykene työntämään ketään pois tieltäni yrittäessäni päästä lähellesi."

Ammalla oli tapana sanoa: "Ole joko taistelija ja väkijoukon eturivissä Amman lähellä tai ole kiintymätön ja taka-alalla, kunhan et ole keskellä ja kateellinen molemmille suunnille." Siten löysin itseni usein onnellisen kiinnittymättömänä taka-alalla, kunnes Amma veti minut lähemmäksi.

Meillä on kaikilla harhakuvitelmia ja haavekuvia siitä, mitä ajattelemme henkisen elämän olevan. Mutta mielenkiintoista kyllä, usein näiden kuvitelmien vastakohta on lähempänä todellisuutta. Mielikuviemme pilvilinnat, joita rakentelemme, sortuvat ympärillämme ja harhakuvitelmamme haihtuvat ilmaan. Elämä on harvoin sitä mitä odotamme sen olevan. En koskaan ajatellut löytäväni itsestäni kirjoittajaa, etenkään henkisen kirjan, mutta Amman armosta tämä kirja on toteutunut.

Esipuhe

Ensimmäistä kertaa ajatus kirjasta heräsi mielessäni vuonna 2003. Istuin Amman seurassa hänen keskustellessaan kanssamme joistakin ashramin asioista. Amma sanoi: "Lapset, on parempi nyppiä ruohoa ja elää sillä, kuin uhrata arvomaailmamme. On pyhä velvollisuutemme ylläpitää henkisiä arvoja. On meidän velvollisuutemme olla tekemättä virheitä, sillä jos joku lankeaa seuratessaan meitä, myös muut heitä seuraavat voivat langeta."

Tunsin syvää innoitusta ja herännyttä intoa kuunnellessani Amman pyhiä sanoja. Amman vilpittömyys henkisen perinteen arvojen ylläpidossa kosketti syvintä olemustani. Tunsin velvollisuudekseni jakaa nämä arvokkaat ja innostavat hetket muun maailman kanssa. Erityisesti tunsin velvollisuudekseni jakaa Amman viisautta. Sillä hänen viisautensa ei ole tarkoitettu vain muutamille ihmisille, vaan sen tulisi kulkea meidän kaikkien kautta valaisten pimeyttä, joka täyttää elämäämme.

En koskaan väittäisi olevani ihanteellinen henkinen etsijä, kaukana siitä. Mutta jotenkin, vain pienellä määrällä ponnistelua ja vilpittömyyttä, on Amman armo tulvinut elämääni. Kanssaetsijänä tällä pyhällä matkalla tarjoan joitain omia näkemyksiäni ja toivon, että myös muut innostuisivat elämään antaumuksen elämää ja tuntemaan Jumalallisen Äidin loiston avautuvan elämässään.

Vain pisaralla rakkautta
sytytit sieluni tuleen Sinua janoamaan
Turhaan vaellan tässä surujen maailmassa
yrittäen nähdä Sinut.

Kaikki on kadottanut merkityksensä
Suloinen autuus käsi kädessä surun kanssa
kirnuavat yksinäistä elämääni.
Karuun sydämeeni istutit rakkauden siemenen.
Nyt se kasvaa ja kukoistaa
odottaen kärsivällisesti Sinua poimijakseen.

Sydämeni lootuskukka
etsii Sinussa kotiaan.
Ethän salli tämän yksinäisen kukan kuihtua
Sinua odottaessaan.

Luku 1

Amman lapsuus

*"Nähdessäsi kaiken Jumalana,
olet aina palvovalla mielellä.
Toiseuden tunteen poissa ollessa,
koko elämästäsi tulee palvontaa,
rukouksen muoto, ylistyslaulu."*

Amma

Amman kuvaileminen vain muutamalla sanalla jollekulle, joka ei ole koskaan tavannut häntä, on toivotonta. Sillä Amma oleilee sanojen ulottumattomissa. Jane Goodall antoi parhaan koskaan kuulemani kuvauksen Ammasta luovuttaessaan hänelle Gandhi-King rauhanpalkintoa väkivallattomuuden edistämisestä. Hän kutsui Ammaa "Häneksi joka on itse hyvyyden ruumiillistuma...Jumalan rakkaus ihmiskehossa." Mikään ei voisi olla tätä kuvausta todempaa.

Amma oli epätavallinen aivan alusta asti. Syntyessään hän pelästytti äitinsä Damayanti Amman, sillä hän ei itkenyt. Hänen äitinsä oli hyvin huolissaan, kunnes katsoi vastasyntynyttä tytärtään ja näki tämän kauniin hymyn. Hänen ihonvärinsä oli tumma ja sinisävyinen, mikä myös huolestutti hänen vanhempiaan. He nimesivät hänet Sudhamaniksi, joka tarkoittaa "jumalallinen jalokivi", ja tätä hän todella oli.

Amman vanhemmat ja sukulaiset olivat hartaita ihmisiä, jotka noudattivat perheen ja kylän perinteisiä uskonnollisia menoja. Amman käytös meni kuitenkin ylitse heidän ymmärryskykynsä ja he ajattelivat jonkin totisesti olevan vialla. Amma lauloi jatkuvasti Jumalan nimiä, eikä hänen huomionsa ollut aina ympäröivässä maailmassa. Hän kutsui Krishnaa ilmestymään päivin ja öin. Hän tanssi autuaallisesti ja sävelsi nuoresta iästä lähtien kauniita antaumuksellisia lauluja. Joskus hän kuitenkin kaatui maahan haltiotilassa ja tämä outo käytös pelotti heitä.

Amman kylä oli yksinkertaisten ja ahkerien kalastajien yhteisö. Saattaisi olla harhaanjohtavaa sanoa, että Amma syntyi köyhyyteen, niin kuin usein ymmärretään. Ennemminkin se oli taloudellista yksinkertaisuutta hyvin vähällä rahalla, vuosisatoja jatkunut elämäntapa ympäristössä, joka tuotti monet perheen perustarpeista. Silti kylän elämässä pienikin epäonni saattaa luoda epätoivoista köyhyyttä, joka johtaa ruoan, vaatteiden ja perustarpeiden puutteeseen. Kun Amma lapsena näki tätä köyhyyden aiheuttamaa kärsimystä, hän tunsi, että hänen tulisi tehdä kaikkensa auttaakseen niitä jotka elivät köyhyydessä. Tämä apu tarkoitti usein oman perheen varannoista ottamista, kuten ruoan tai rahojen ottamista annettavaksi niille, joilla ei ollut mitään. Hänen muuten anteliaille vanhemmilleen tämä oli mielenvikaista ja sietämätöntä käytöstä, joka johti ankariin rankaisuihin. He päättelivät tämän olevan häiriintyneen lapsen käytöstä ja ajattelivat jonkin olevan vialla hänessä. Silti Amma työskenteli ankarasti, ja mitä enemmän hän teki työtä, sitä enemmän työtä hänelle annettiin.

Amman lapsuus

Amma oli pakotettu lopettamaan koulunkäyntinsä neljännellä luokalla Damayanti Amman sairastuessa, jotta voisi huolehtia täysipäiväisesti veljistään ja sisaristaan. Koska hänellä oli nopea ymmärryskyky ja voimakas muisti, kaikki lisäkoulutus, jonka hän sai tuli sisarusten auttamisesta läksyjen teossa. Lasten ollessa pieniä Damayanti Ammalla oli tapana herättää heidät aikaisin aamurukouksiin. Toiset toivoivat äidin nukkuvan pitempään, jotta myös he saisivat hieman ylimääräistä unta. Vain Amma oli onnellinen noustessaan ylös rukouksia varten. Hän oli ainoa lapsi, joka oli todella omistautunut henkiselle päämäärälle.

Amma ei ottanut henkäystäkään muistamatta Jumalaa. Päivät pitkät hän ponnisteli jatkuvasti muistaakseen Jumalaa toistamalla Hänen nimeään ja kuvitellen Hänen rakkaan muodon sydämeensä. Hän ei ottanut askeltakaan toistamatta Jumalan nimeä. Jos hän unohti, hän palasi taaksepäin ja otti sitten askeleen uudelleen toistaen mantraa. Uidessaan hän sukelsi päättäen toistaa mantraa tietyn määrän ennen kuin nousisi pintaan hengittämään. Näin omistautunut Amma oli päämäärälleen Jumalan täydellisestä muistamisesta.

Ollessaan vasta kuusi tai seitsemänvuotias Amma ajatteli jo elämän tarkoitusta. Useat meistä alkavat pohtimaan tätä kysymystä vasta elämän loppupuolella, elettyämme ensin pitkään maallista elämää. Toisten lasten leikkiessä leluilla pikku Sudhamani pohdiskeli, miksi maailmassa on niin paljon kärsimystä.

Hän kierteli kylän taloissa keräten vihannesten jäänteitä ja ylijäänyttä riisiä, joka olisi heitetty pois, ja ruokki tällä perheen lehmät. Kierrellessään hän näki näissä taloissa asuvat vanhukset ja sairaat ja huomasi, että useinkaan näiden perheet eivät huolehtineen heistä riittävästi.

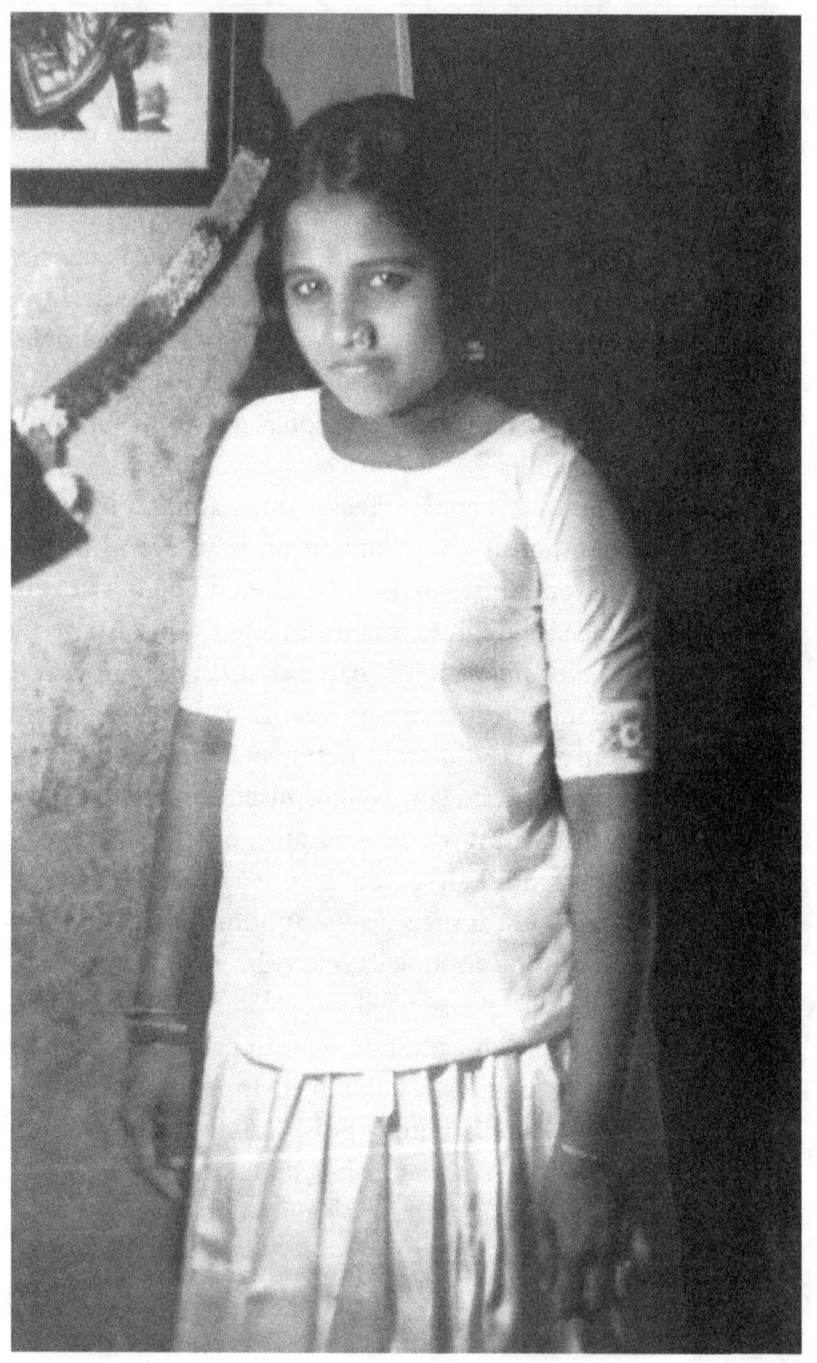

Amman lapsuus

He kertoivat hänelle, kuinka heidän täysikasvuiset lapsensa olivat aikoinaan palvoneet heitä, rukoilleet heille terveyttä ja pitkä ikää ja vannoneet pitävänsä heistä huolta. Oman elämänsä kiireissä he kuitenkin myöhemmin unohtivat lupauksensa, jättivät vanhat vanhempansa pitämään huolta itsestään ja usein kohtelivat heitä huonosti. Pienenä tyttönä Amma toi nämä vanhat ihmiset kotiinsa, antoi heille lämpimän kylvyn, pesi heidän vaatteensa perheen lammessa ja ruokki heidät, ennen kuin vei heidät takaisin omiin koteihinsa. Joskus heidän ollessa hyvin köyhiä, ja jos heillä ei ollut tarpeeksi ruokaa omissa kodeissaan, Amma otti tarvikkeita kotoaan ja antoi ne vanhuksille mukaan vietäviksi. Kun hänen vanhempansa saivat tietää tästä, nuhtelivat he häntä ankarasti ja jopa löivät häntä. Mutta yksikään sana tai ankara käytös ei voinut muuttaa hänen myötätuntoista sydäntään, joka kärsi toisten kärsimyksen tähden.

Koska kylä oli köyhä kalastajakylä, monet kärsivät sairauksista tai köyhyydestä. Nähdessään kaikki heidän ongelmansa ja vaikeutensa Amma pohti ja kysyi elämän tarkoitusta. Hän sanoi halunneensa jopa hypätä tuleen ja päättää elämänsä, koska oli musertua nähdessään kärsimystä kaikkialla.

Hänen toistuvasti kysellessään Jumalalta, miksi tämä voimakas kärsimys oli niin yleistä, ääni hänen sisällään vastasi viimein, että ihmiset kärsivät *karmastaan* johtuen, tässä tai edellisissä elämissään suorittamiensa tekojen tähden. Näiden epäoikeudenmukaisten tekojen seuraukset tulisivat lopulta heille takaisin kärsimyksen eri muodoissa. Kuitenkin vaikka heidän karmansa oli kärsiä, Amma tunsi, että hänen velvollisuutensa on yrittää lievittää heidän kärsimystään. Kuten ollessamme kävelyllä ja ohittaessamme kuopan, johon joku on pudonnut, emme voi vain sanoa, että heidän karmansa oli pudota kuoppaan. Meidän velvollisuutemme on ojentaa

13

Pyhä Matka

auttava kätemme. Aina tästä oivalluksesta lähtien Amma on pyrkinyt antamaan kaikkensa jokaisessa toimessaan. Hän on pyrkinyt lapsuudestaan lähtien helpottamaan elämän tuskaista kärsimystä ja tuomaan lohdutusta ihmiskunnalle

Ihmisillä oli tapana kutsua Amma koteihinsa laulamaan bhajaneita, sillä hänellä oli tunnetusti kaunis lauluääni ja hän sävelsi itse omat antaumukselliset laulunsa. Rannikkoseudulla, jossa hän asui, oli jokaisessa talossa kirja, johon bhajaneita kirjoitettiin. Mennessään taloon ja nähdessään heidän kirjassaan laulun, josta hän piti, alkoi Amma välittömästi laulaa sitä. Myöhemmin talon asukkaiden avatessa kirjansa he huomasivat sivun kadonneen. Amma oli repinyt sivun irti ja ottanut sen. Joskus hän takavarikoi jopa kokonaisia bhajankirjoja. Kotona perhe järkyttyi ja kysyi miksi hän teki niin. He pelkäsivät naapureiden tulevan riitelemään heidän kanssaan huomatessaan sivun tai koko kirjan kadonneen. Amma ei koskaan vastannut heille. Vasta monia vuosia myöhemmin hän selitti sen olevan perinteen mukaista, että perheelliset antavat lahjan Mahatman vieraillessa heidän kotonaan suorittamassa palvelusta. Amma ei voinut silloin sanoa heille mitään, koska heille hän oli vain yksinkertainen kylän tyttö. Sen sijaan hän yksinkertaisesti otti myötätunnosta sivun heidän bhajanskirjastaan mukaansa, etteivät ihmiset jäisi velkaa tai kärsisi menetyksiä, koska eivät tarjonneet hänelle jotain.

Puhuessaan lapsuudestaan Amman vanhempi sisar sanoo, että heillä oli usein tapana kutsua Ammaa "hulluksi". Amma saattoi nostaa jotain hyvin painavaa ja sanoa: "tämä on niin kevyt". Tai hän saattoi tehdä jotain äärimmäisen vaikeaa ja sanoa: "tämä on niin helppoa". Hänellä ei näyttänyt olevan mitään syytä puhua tällä tavoin ja se tavallisesti ärsytti heitä kovasti. Vasta myöhemmin he ymmärsivät Amman yrittäneen selittää, että hän koki asiat eri tavalla. Hän yritti antaa heille vinkkejä jumalallisesta luonnostaan, mutta siihen aikaan he eivät kyenneet ymmärtämään häntä.

Eräänä päivänä kaikki neljä sisarusta istuivat puun alla. Amma lauloi itsekseen bhajaneita. Hän sanoi hiljaa: "Nyt voimme kaikki istua yhdessä, tulevaisuudessa teidän on jonotettava voidaksenne tavata minut." He kaikki ajattelivat "Niinpä tietysti! Katsokaa nyt häntä! Kuka hän luulee olevansa? Hän on aivan hullu!"

Monet muutkin tapahtumat viittasivat Amman suuruuteen. Kerran Amma meni kahden sisarensa kanssa läheisen kaupungin temppeliin. He saapuivat temppeliin juuri ajallaan illan *Aratiin*. Sisemmän temppelin ovet olivat melkein täysin suljetut, mutta tytöt pystyivät näkemään oven raosta, mitä tapahtui.

Pujari suoritti temppelissä palvelusta Jumalattarelle. Suorittaessaan *Aratia* hän yritti heittää kukkia kuvan jalkojen juureen, mutta kukat eivät pudonneet oikeaan suuntaan. Sen sijaan ne jatkuvasti laskeutuivat melko kauas väärään suuntaan. Hän hämmentyi, eikä tiennyt mitä tehdä. Amma seisoi sisartensa keskellä, vanhempi sisar edessään ja nuorempi takanaan. Yhtäkkiä pujari nousi seisomaan, otti kukkalautasen, arati-lampun ja kukkaseppeleen ja tuli ulos sisemmästä temppelistä. Hän tuli suoraan kohti Ammaa ja uhrasi kukat hänen jalkojensa juureen, antoi hänelle kukkaseppeleen ja suoritti *Aratin* hänelle. Amma nojasi seinää vasten silmät osittain suljettuna, sitten hän siunasi miehen koskettamalla tämän päätä ja lähti sisartensa kanssa temppelistä.

Toiset tapahtumaa temppelissä seuranneet olivat äärimmäisen järkyttyneitä. He eivät olleet koskaan nähneet mitään

Pyhä Matka

vastaavaa tapahtuvan, pujari tekemässä *Aratia* nuorelle kylätytölle temppelipatsaan sijaan. Hänen sisarensa olivat täysin yllättyneitä näistä oudoista tapahtumista, mutta he olivat toisaalta jo tottuneet käsittämättömiin tapahtumiin sisarensa ympärillä. Amma teki poikkeuksellisen määrän työtä aamusta yömyöhään. Vaikka hän työskenteli kovasti, silti hänen huomionsa säilyi Jumalassa koko ajan. Eräs lasten tehtävistä oli huolehtia perheen lehmistä, mikä tarkoitti, että heidän piti leikata niille ruohoa rehuksi. Ryhmä tyttöjä meni ulos yhdessä ja yleensä tämän tehtävän suorittaminen vei noin kaksi tuntia. Tytöt alkoivat leikata heti löydettyään ruohoa, mutta Amma meni istumaan johonkin syrjäiseen nurkkaukseen ja sulki silmänsä ja istui meditaatiossa. Toiset eivät ymmärtäneet Amman meditoivan, vaan ajattelivat hänen vain rentoutuvan.

Tytöillä oli suuret korit, jotka he täyttivät ruoholla. Heidän leikattuaan ruohoa puolitoista tuntia Amma yllättäen nousi seisomaan, otti sirpin ja kahdenkymmenen minuutin ajan hän leikkasi, leikkasi ja leikkasi. Kun tytöt täyttivät kolme koria kahdessa tunnissa, Amma täytti viisi koria kahdessakymmenessä minuutissa. Koko kotimatkan ajan tytöt riitelivät Amman kanssa ja syyttivät häntä ruohonsa varastamisesta. He ajattelivat, että niin täytyi olla, kuinka muuten hän olisi voinut kerätä ruohoa niin nopeasti? Niinpä heillä oli tapana ottaa kuivia oksia ja pitää niitä korinsa pohjalla ja laittaa sitten ruohon niiden päälle, jotta hekin saisivat viisi koria täyteen.

Amma työskenteli ankarasti kuin palvelija ja tällaisena häntä myös kohdeltiin.

Rangaistuksia sateli toistuvasti hänen ylleen, vaikkei hän koskaan antanut toisten tietää, mitä hänen oli kestettävä auttaakseen heitä. Hän kesti kaiken hiljaisuudessa. Ammalla oli tapana itkeä Krishnaa koko sydämestään ja sielustaan. Ja hänen kaipauksensa pyyhki pois kaikki päivän kivut. Mitä enemmän Amma elämässään kärsi, sitä enemmän hän kääntyi antaumuksella Jumalan puoleen.

Oi Krishna
Kuulen huilusi suloisesti kutsuvan minua.
Kaipaan jättää kaiken
ja kiirehtiä Sinua etsimään,
mutta yrittäessäni siirtyä lähemmäs
huomaan jalkani sidotuiksi
tämän maailman raskailla kahleilla,
eivätkä ne päästä minua.
Vain piinattu mieleni
voi yrittää etsiä Sinua.
Olen saanut riittämiin tästä surujen maailmasta.
Silti se yrittää tarjota minulle lisää,
mutten voi enää koskea sen myrkkyyn.
Salli minun kuolla täällä yksin
yrittäessäni nähdä Sinut.

Luku 2

Polku Amman luo

"Elämästä tulee täysi ja kokonainen vasta kun sydän on täynnä uskoa Korkeimpaan Voimaan, siihen asti etsintä tyhjyyden täyttämiseksi jatkuu."
Amma

Lapsena minulla oli tapana mennä koulun lomien aikana isäni maatilalle. Meitä lapsia oli perheessäni kolme ja pidimme maanraivaustyössä auttamisesta. Meistä työ tuntui aina hauskalta. Muistan hyvin elävästi erään kokemuksen ollessani seitsemän tai kahdeksanvuotias. Kurottauduin kohti maata ja nostin muutaman hiekanjyväsen. Katsoessani kahta tai yhtä hiekanjyvästä erikseen näin niiden loistavan auringossa kuin timantit. Olin kovasti innoissani. Ajattelin löytäneeni "universumin salaisuuden". Näin hyvin paljon kauneutta näissä pienissä hiekanjyväsissä ja tunsin, että jos vain pieni tomuhiukkanenkin pitää sisällään niin paljon kauneutta, koko maailma on täydytty tehdä samanlaisista hiukkasista. Tunsin universumin salaisuuden olevan, että kaikki kaikkialla oli tehty tästä samasta kauneudesta. Emme vain koskaan aiemmin olleet huomanneet sitä, koska kaikki oli sekoittunut keskenään. Tämä perimmäinen näkemys oli jotakin, minkä tulen aina muistamaan. Lapsen viattomien silmien kautta universumin ihmeet voivat avautua. Työskentelin koulun päätyttyä plastiikkakirurgin vastaanottoapulaisena ja sihteerinä. Tämä plastiikkakirurgi oli erikoistunut käsikirurgiaan, reumasta kärsivien nivelien korvaamiseen. Monet tulivat hänen luokseen myös erilaisten kosmeettisten leikkausten vuoksi. Alun perin niiden kahden vuoden aikana, jotka työskentelin hänelle, leikattiin noin kolme potilasta päivässä. Hiljalleen lääkäri alkoi vastaanottaa neljä, viisi tai kuusi potilasta päivässä. Minusta vaikutti siltä, että hän yritti tienata lisää rahaa maksaakseen kaikki elämänsä ylellisyydet. Tulehdukset potilailla alkoivat lisääntyä, luultavasti koska hän vietti vähemmän aikaa heistä huolehtien. Tämän näkeminen avasi silmäni ja tunsin, ettei elämän tarkoitus ole yrittää tehdä rahaa ylellisyyskuluja varten. En halunnut "myydä sieluani" viikoittaisen palkkapussin tähden. Tunsin elämässä olevan muutakin kuin tämä. Ja vaikken tiennyt tarkalleen, mitä se olisi, aioin yrittää ottaa siitä selvää, joten sanoin itseni irti kahdeksantoistavuotiaana.

Päätin matkustaa ja ottaa selvää, mistä elämässä todella oli kyse. Matkustin kahdeksan kuukautta halki Aasian. Matkustaessani huomasin, että ihmisillä oli hyvin vähän aineellista omaisuutta, mutta heillä näytti olevan enemmän mielenrauhaa kuin suurimmalla osalla niistä, jotka asuivat läntisissä maissa kaiken aineellisen mukavuuden keskellä.

Tämä tosiasia kiehtoi minua ja opin ymmärtämään, että minkä tien he valitsivatkaan, heidän uskonnollisuutensa ja uskonsa Jumalaan oli se, joka toi heille tämän mielenrauhan.

Viimeinen määränpääni oli Intia. Suurimmalla osalla tapaamistani ihmisistä oli vähänlaisesti aineellista rikkautta tai mukavuutta, mutta he olivat onnellisia. Tunsin, että antaumus

Jumalalle, missä muodossa hänet nähtiinkin, yhdisti kaikki perheenjäsenet ja toi iloa heidän elämäänsä.

Kasvaessani kuulin ihmisten keskustelevan Jumalasta. Siihen aikaan en tiennyt, mitä uskoa, sillä kukaan tapaamistani ihmisistä ei ollut todella kokenut mitä oli tuntea Jumala. Ollessani teini-iässä, se tyhjyyden tunne, mikä johtui tästä puutteesta, pyrki kääntämään minut pois uskonnosta. Joten joutuessani kosketuksiin uskonnon käsitteiden kanssa, niin kuin ne hinduperinteessä opetetaan, tuntui elämä saavan uuden merkityksen. Tunsin epäitsekkään palvelun, kurinalaisuuden ihanteen ja hyvien ominaisuuksien ja tapojen kehittämisen tekevän elämästä tarkoituksenmukaisemman, haasteellisen ja iloa tuottavan.

Matkustettuani Intiaan ja kuultuani elämän filosofian hinduperinteen kuvailemana, tunsin sen todella vastaavan siihen mistä elämässä oli kyse. Mielen toiminta, tunteet ja erilaiset mielen kyvyt olivat kaikki niin tieteellisesti ja loogisesti esitettyinä, että se teki uskonnosta hyvin helposti ymmärrettävän. Käsitteet antaumuksesta ja Jumalasta, johon voisi luoda henkilökohtaisen suhteen, olivat minulle todella järkeenkäypiä.

Palasin lopulta Australiaan, jossa otin jälleen yhteyttä joihinkin ystäviini, joiden kanssa olin matkustanut. He kysyivät, haluaisinko oppia meditoimaan ja kutsuivat minut *satsang*-ryhmäänsä. Hyväksyin kutsun innostuneesti. Koska satsangin jälkeen olisi illallinen, valmistin mukaan vietäväksi täytettyjä kananmunia. Luulin sen olevan loistoidea, mutta se ei saanut suosiota toisten keskuudessa, sillä he eivät syöneet kananmunia. Joka tapauksessa nautin henkisten totuuksien kuulemisesta. Sinä yönä palasin kotiin mukanani lautasellinen munia ja jotain muuta. Hinduopetuksista olin löytänyt kaikki vastaukset kysymyksiini elämästä ja sen tarkoituksesta.

Pyhä Matka

Ensimmäistä kertaa elämässäni, kuulemani henkinen opetus oli järkeenkäypää. *Sanatana Dharman* ikiaikaiset totuudet, jotka selittävät Jumalan olevan kakkien sisällä, sinun ja minun, ja että ihmiselämän päämäärä on saavuttaa Jumaloivalluksen tila, koskettivat syvintä sisintäni ja herättivät minussa jotakin. Sain vihdoin vastaukset, joita olin etsinyt. Viimein ymmärsin, mistä elämässä oli kyse. Muistan vieläkin, miten paluumatkallani satsangista minusta tuntui, että koko luonto riemuitsi, auringon paiste sädehti, puiden lehdet tanssivat autuaallisesti ja linnut lauloivat taivaissa.

Pienen ajan kuluttua matkustin Intiaan uudelleen ja asetuin asumaan erääseen *ashramiin* Pohjois-Intiassa. Olin ollut siellä kuusi kuukautta, kun kuulin Ammasta. Menin tapaamaan häntä ja oivalsin pian haluavani elää hänen lähellään. Halusin saada hänen opastustaan henkisenä opettajanani ja hänen kurinalaistavan minua Gurunani.

Oli vuosi 1982, kun saavuin ensimmäisen kerran Amman ashramiin. Asuttuani aiemmin suuressa ja hyvin edistyksellisessä instituutiossa eri puolilta maailmaa saapuneiden useiden tuhansien ihmisten kanssa, oli syvällinen ja ilahduttava yllätys vierailla Amman vaatimattomassa pikku ashramissa, jossa asui 14 ihmistä muutamassa olkikattoisessa majassa. Saavuttuani menin majaan, jossa Amma istui. Hän näki minut, nousi seisomaan ja ryntäsi halaamaan minua. Olin miltei järkyttynyt siitä rakkaudesta ja hellyydestä, jota Amma osoitti minulle, täysin tuntemattomalle. Aiemmin vierailemissani ashrameissa saattoi gurua ainoastaan kumartaa kaukaa hänen istuessaan koskemattomana turvallisen välimatkan päässä. Mutta täällä Amma hyväili jopa niitä, jotka juuri olivat kävelleet sisään ensimmäistä kertaa sellaisella rakkaudella, hellyydellä ja

Polku Amman luo

jumalallisella myötätunnolla, jota en ollut koskaan kuvitellut olevan olemassakaan.

Olin tähän mennessä lukenut ja kuullut aika paljon Guruista ja olin aina kuvitellut heidän istuvan valtaistuimella ihmisten mennessä heidän luokseen saamaan jonkinlaisen persoonattoman siunauksen. Olin myös tavannut useita henkisiä mestareita. Vaikka jotkut heistä olivat olleet omalla tavallaan vaikuttavia, olivat he kaikki melko luoksepääsemättömiä. Amma oli täysin toisenlainen. Toisin kuin useimmat Gurut hän oli nuori ja hyvin kaunis nainen, vain kaksikymmentäyhdeksänvuotias. Heti astuessani huoneeseen, jossa hän oli, hän otti minut vastaan sellaisella läheisyydellä kuin olisin ollut hänen oma lapsensa. "Kukaan ei jaa niin paljon rakkautta tuntemattomille!" mieleni toisti. Vähänpä tiesin silloin, ettei Ammalle kukaan ollut vieras. "Hän on joku hyvin erilainen, todella poikkeuksellinen," ajattelin.

Minulta vei noin kolme viikkoa, kunnes aloin edes hieman tajuta, kuinka poikkeuksellinen Amma oli. Tarkkaillessani häntä päivä toisensa jälkeen minulle valkeni hitaasti, että hän oli Jumalallinen. Hän ei ollut pelkästään pyhimys, niin kuin olin ensin ajatellut, hän oli täysin sulautunut Jumalaan, uppoutuneena Jumalasta juopuneeseen tilaan. Todistin hänen vaipuvan *samadhiin* ja makaavan hiekalla vuoroin nauraen ja itkien, täysin uppoutuneena uskomattomaan, toisesta maailmasta olevaan rakkauteen. Hänen kutsuessaan Jumalaa bhajaneiden aikana oli hänen rakkautensa hyvin tarttuvaa. Saatoin tuntea sen koskettavan sieluani, kun hän menetti tietoisuuden kehostaan ja kohosi johonkin jumalalliseen valtakuntaan, jonne emme voineen häntä seurata. Joskus hänen lapsenomainen viattomuutensa sai hänet vaikuttamaan lapselta, parhaalta

Pyhä Matka

ystävältä tai seuraajan leikkitoverilta. Kun taas toisinaan hänestä saattoi hetkessä tulla äiti, Guru, opas.

Amma oli jumaloivaltanut sielu, päättelin...ja kuitenkaan hän ei mahtunut yhteenkään käsitykseeni siitä, kuinka jumaloivaltaneiden sielujen tulisi olla. Olin lukenut Guruista, jotka eivät anna ihmisten koskea edes jalkojaan, jotteivät he menettäisi *sadhanalla* saavuttamaansa voimaa. Ja sitten oli Amma, täysin piittaamaton mistään tällaisesta mahdollisuudesta, halaten jokaista kanssaan kosketuksiin tulevaa aivan kuin he olisivat olleet hänen ikiomiaan.

Joskus Amma näytti käyttäytyvän hullun tytön lailla ja jopa viittasi itseensä tällaisena. Hän saattoi syödä ruokaa maasta, leikkiä tuntikausia lasten kanssa, tullen yhdeksi heistä purskahdellen silloin tällöin hillittömään nauruun. Bhajaneiden ja *darshanin* aikana hän saattoi lopettaa puhumisen äkkiä kesken lauseen silmien pyörähtäessä ylöspäin hänen vaipuessaan *samadhiin*.

Hänen epätavallisesta käytöksestään huolimatta olin täysin vakuuttunut, että hän oli nähnyt Jumalan ja kykenisi antamaan minulle todellisen suhteen Jumalaan. Tunsin löytäneeni Ammassa ehkä eritasoisen Mestarin, kuin mistä olin koskaan lukenut tai edes kuvitellut. Oli selvää, ettei Amma ollut vain nähnyt Jumalaa, vaan oli tullut yhdeksi Jumalan kanssa.

Olin ajatellut ennen Amman tapaamista naimisiin menoa ja perheen perustamista. Olin myös aina halunnut matkustaa ja nähdä maailmaa. Amman tavattuani kaikki nämä halut yksinkertaisesti haihtuivat pois. Olin saanut vastauksen perimmäiseen kysymykseeni, mistä elämässä on kyse. En ollut löytänyt Ammassa ainoastaan elämän päämäärää ja tarkoitusta, olin löytänyt kauniin Mestarin, joka opettaisi ja auttaisi minua elämään henkisten periaatteiden mukaisesti. Kuultuani suurista henkisistä totuuksista ja nähtyäni ne täysin ruumiillistuneina Ammassa tiesin, etten voisi palata takaisin ja elää tavallista elämää lännessä. En voisi koskaan teeskennellä sellaisen elämän olevan todellista. Halusin viettää lopun elämääni Ammaa ja maailmaa palvellen.

Ennen kuin löysi Sinut
tämä tietämätön sielu
oli tyytyväinen vaeltaessaan
harhan maailmassa
Mutta nyt
vain pisaralla rakkautta
myötätuntoiselta muodoltasi,
sydämestäni on tullut levoton
etsimään vain rakkautta Sinuun.
Mieleni haluaa epätoivoisesti
nähdä vain Sinut,
kaikki muu on tullut turhaksi ja tarpeettomaksi

Olen eksyksissä tässä hullussa maailmassa,
palava sydämeni
kaipaa rakastaa Sinua.
Päivät lipuvat ohitse
ja yhä olet niin kaukana.
Tuskaisempaa on tämä täyttymätön rakkaus Sinuun
kuin elämä harhakuvitelmien maailmassa

Luku 3

Varhaiset vuodet

*"Jos Äidin sanoja ja tekoja mietiskellään,
ei yhtäkään (pyhää) kirjoitusta tarvitse opiskella."*

Amma

Ennen ashramin rakentamista meillä oli vain elämisen perustarvikkeet. Joskus edes ruokaa ei ollut kaikille tarpeeksi, joten Amma kiersi ympäri naapuritaloja kerjäten riisiä ruokkiakseen meidät. Tilat olivat rajoitetut, vain yksi vessa ja pesuallas oli käytettävissämme. Pärjäsimme kuitenkin jotenkin sillä vähällä, mitä meillä oli. Majoitustiloja oli niukasti. Aloimme ensin käyttää yhtä huonetta Amman vanhempien talossa, mutta pian valloitimme koko talon. Vieraiden saapuessa meidän oli usein annettava huoneemme pois, sillä meillä ei ollut tarpeeksi tilaa kaikkien majoittamiseksi. Kerran erään perheen naiset tulivat viipyäkseen ashramissa hetken. Amma pyysi minua ja huonetoveriani antamaan huoneemme heille. Koska meillä ei ollut muuta nukkumapaikkaa, nukuimme pienessä keittiössä tai ulkona hiekalla. Perhe päättikin viipyä jonkun aikaa.

Kaksi kuukautta kului. Valittamatta nukuimme tyytyväisinä missä vain kykenimme, koska pidimme sitä Amman testinä siitä kuinka kiintymättömiä olimme olosuhteisiimme. Lopulta joku mainitsi Ammalle meidän olevan yhä ilman pysyvää paikkaa. Amma yllättyi kuultuaan tästä. Hän siirsi perheen muualle ja saimme viimein huoneemme takaisin. Noina varhaisina vuosina ei vettä ollut aina vapaasti saatavilla. Joskus meidän oli kaivettava maahan kuoppa löytääksemme vesilähteen. Vesi tuli hitaasti pieniin käsintehtyihin kaivoihin ja keräsimme tämän veden käyttääksemme sitä kylpemiseen ja vaatteidemme pesemiseen. Vaikka vesi oli aluksi melko puhdasta, muuttui se suolaiseksi ennemmin tai myöhemmin. Tiesimme, etä oli aika kaivaa uusi kuoppa, kun ihollemme alkoi imestyä haavoja.

Amma kertoi usein meille mihin kaivaa näitä kuoppia. Yhtenä yönä Amma kulki huoneeni ohitse ja sanoi: "Kaiva kuoppa juuri tähän huomisaamuun mennessä". Olin yllättynyt hänen merkatessaan paikan aivan etuoveni ulkopuolella. En voinut kuvitella löytäväni lähdettä sieltä. Mutta takuuvarmasti, seuraavaan aamuun mennessä kuoppa oli kaivettu ja vesi suodattui tällä kohtaa maaperän lävitse. Näin meillä oli vesilähteemme muutamaksi seuraavaksi viikoksi. Amma tiesi kuinka huolehtia meistä tuoden juuri sen mitä tarvitsimme.

Ammalla on aina ollut oma ainutlaatuinen tapansa henkisen opetuksen antamiseen. Joskus kun joku teki virheen ja hän todella halusi painottaa opetusta sen sijaan, että olisi nuhdellut tätä henkilöä, kohdisti hän rangaistuksen omaan kehoonsa. Hänen kehonsa oli meille niin arvokas, että näillä teoilla oli paljon enemmän vaikutusta kuin sillä, jos hän olisi moittinut meitä. Kerran jonkun tehtyä jotain väärin alkoi Amma lyödä suurta painavaa maitojauhetölkkiä kättään vasten. Kun tilanne rauhoittui, otin kylmän märän vaatekappaleen ja laitoin sen Amman kädelle lievittääkseni kipua. Amma katsoi mitä tein ja hymyili. Kun lopetin huolenpitoni, hän kuiskasi minulle ilkikurisesti: "Se oli toinen käsi".

Amma pyrkii aina opettamaan meitä oman esimerkkinsä kautta. Monia vuosia sitten ashramin temppelin rakentamisen aikaan Amman nähtiin kävelevän kuunvalossa ympäri työmaata, kumartuen tasaisin väliajoin poimimaan jotain maasta. Oli pitkän darshanpäivän loppu, mutta siitä huolimatta Amma halusi näin viettää vapaa-aikaansa.

Eräs *brahmachari* meni hänen luokseen ja sanoi: "Amma mitä sinä teet? Sinun tulisi levätä". Amma vastasi: "Poikani, Amma poimii näitä ruosteisia nauloja." Nuori brahmachari ihmetteli miksi hän teki tätä siihen aikaan, kun voisi olla nukkumassa. Amma sanoi: "Monet köyhät ihmiset tulevat tänne ashramiin ja mitä jos perheen isä satuttaisi jalkansa ja se tulehtuisi? Hänen täytyisi ehkä mennä sairaalaan ja kuka sitten huolehtisi perheestä? Voimme myös suoristaa nämä ruosteiset naulat ja käyttää niitä temppelin rakentamiseen tai voimme myydä ne metalliromuna." Brahmachari oli sanaton mietiskellessään Amman kaiken kattavan rakkauden ja puhtaan elinvoimaisuuden taustalla olevaa viisautta. Oltuaan koko päivän tekemisissä ihmisten henkilökohtaisten ongelmien kanssa ja lohdutettuaan heitä, Ammalla oli kaukokatseisuutta suojella heitä kaikelta harmilta joka saattaisi tulla heille ashram vierailun aikana.

Kerran syödessään lounasta ashramin asukkaiden kanssa Amma kaatoi piimälasinsa ja sen sisältö läikkyi sementtilattialle. Ryntäsin hakemaan rättiä, mutta Amma pysäytti minut ja alkoi juoda piimää suoraan lattialta. Kaksi länsimaalaista, jotka olivat tuolloin vierailulla ashramissa, katsoivat toisiinsa järkyttyneinä. Pian sen jälkeen he lähtivät ashramista. Ilmeisestikään he eivät olleet valmiita näin "edistyneeseen" oppituntiin.

Pyhä Matka

Ashramin alkuaikoina päivittäisen darshanin ja bhajan ohjelmien lisäksi Ammalla oli tapana antaa *bhava* darshaneita kolme kertaa viikossa. Vaikka Amma lopetti *Krishna bhava* darshanin 1985, hän antaa satunnaisesti vielä *Devi bhava* darshania. Amma kertoi kerran näistä erityisistä bhava darshaneista: "Kaikki hindujumaluudet, jotka edustavat yhden Korkeimman Olennon lukemattomia puolia, asustavat sisällämme. Joka omaa Jumalallisen voiman, voi ilmentää niistä mitä vain maailman parhaaksi pelkällä tahdollaan. Krishna bhava on Puhtaan Olemisen olomuodon ilmentymä ja Devi bhava on ikuisen feminiinin, Luojattaren, persoonattoman absoluutin aktiivisen puolen ilmentymä. Miksi lakimiehen tulisi käyttää mustaa viittaa tai poliisin virkapukua ja lakkia? Kaikki nämä ovat pelkkiä ulkoisia apuja pyrittäessä tietyn vaikutelman luomiseen. Samalla tavoin Amma pukeutuu Deviksi vahvistaakseen darshaniin tulevien ihmisten antaumuksellista asennetta. Amman pyrkimyksenä on auttaa ihmisiä saavuttamaan Totuus. *Atman* tai Itse, joka on minussa, on myös sinussa. Jos oivallat jakamattoman periaatteen, joka loistaa sinussa ikuisesti, tulee sinusta Se."

Nämä bhava darshan ohjelmat alkoivat myöhään iltapäivällä bhajaneilla, joita seurasi Krishna bhava. Amma omaksui Krishnan mielentilan ja asun ja otti sitten vastaan kaikki seuraajat henkilökohtaisesti antaen heille Krishnan siunauksen ja *prasadin* aina puoleenyöhön asti. Sitten Devinä Amma syleili kaikki seuraajat uudelleen. Tämä osa ohjelmasta jatkui aamunkoittoon.

Ehkä tunnin tai kahden levon jälkeen, ja joskus lainkaan lepäämättä, lähdimme eri puolilla Keralaa oleviin taloihin bhajaneita ja *pujaa* varten. Viivyimme usein koko yön ja palasimme ashramiin seuraavana päivänä juuri ajoissa ennen seuraavan bhava darshanin alkua.

Varhaiset vuodet

Asuttuani ashramissa vähän aikaa Amma pyysi minua huolehtimaan hänen tarpeistaan bhava darshaneiden aikana. Tämä oli minulle suuri kunnia ja nautinto, mutta myös hyvin vaikeaa koska en ymmärtänyt *malayalamia*. Minun oli toistuvasti arvattava mitä Amma pyysi. Amma laski usein leikkiä, että jos hän pyysi jotain, annoin hänelle jotain juuri päinvastaista.

Niihin aikoihin Amma ei koskaan ottanut mitään itselleen bhavan aikana. Hän ainoastaan antoi muille. Hän ei edes nostanut kättään pyyhkiäkseen kasvojaan tai juodakseen, opettaen näin meille Jumalallisen Äidin täydellisen epäitsekkään luonteen. Jopa tänä päivänä syödessään tai juodessaan Amma ei koskaan käytä kaikkea hänelle tarjottua määrää. Hän jättää aina jotain muille aivan kuin osoittaakseen meille, ettei myöskään meidän tule ottaa kaikkea itsellemme, vaan antaa aina jotain takaisin lopulle luomakunnalle.

Eräs paikallinen seuraaja ylläpiti Krishna bhavan aikana perinnettä tuoda Ammalle ruukussa maitoa, sillä Krishna rakasti maitotuotteita. Amma ei juonut itse vaan antoi seuraajan kaataa sitä vähän suuhunsa. Sitten darshanin lopuksi hän antoi vähän maitoa prasadina niille seuraajista, jotka olivat vielä *kalarissa*, kaataen sitä heidän suuhunsa yksi kerrallaan.

Eräänä erityisenä yönä aiemmin illalla olin tarjonnut Ammalle mehua. Pitäessäni lasia hänen juodessaan siitä kolautin vahingossa lasin reunaa hänen hampaisiinsa. Tuntui kauhealta tietää sen tapahtuneen huolimattomuuttani. Tunteja myöhemmin, aivan darshanin lopussa, eräs seuraaja tarjosi Krishna Ammalle vähän maitoa ja sitten Amma jakoi maitoa kaikille. Kun hän tuli kohdalleni, viekkaasti hymyillen sen sijaan, että olisi kaatanut maitoa suuhuni, kolautti hän kannua hampaitani vasten. Hämmästyin kovasti, mutta se muistutti aiemmasta huolimattomuudestani ja vakuutti minut huolellisuuden ja

Pyhä Matka

keskittymisen merkityksestä työskennellesäni Amman läheisyydessä. Henkiselle etsijälle täydellinen *sraddha* ja keskittyminen ovat äärimmäisen välttämättömiä. Omalla yksilöllisellä tavallaan Amma muistutti minua tästä hyvin tärkeästä periaatteesta. Devi bhavan aikana oli minun tehtäväni pyyhkiä Amman kasvoja. Vaikkei hänen kehonsa koskaan hikoillut, hänen kasvonsa hikoilivat joskus, sillä kalarissa ei ollut ikkunoita ja oli aina hyvin kuuma ja tungosta. Itse asiassa kuumuus oli joskus niin tukahduttavaa, että meidän oli kaadettava vettä seinille yrittääksemme laskea lämpötilaa.

Amma toivoi kasvojaan pyyhittävän aina muutaman ihmisen jälkeen ja minun tuli löytää oikea hetki siihen. Pelkäsin usein työntää pyyhettä Jumalallisen Äidin kasvoihin, mutta tämä oli velvollisuuteni.

Noihin aikoihin Amma ilmestyi minulle usein unissani Devin muodossa tuijottaen vihaisesti ikään kuin sanoen, "Etkö aio pyyhkiä kasvojani puolestani". Nämä unet olivat niin todellisia, että uskoin täydesti Amman olevan huoneessa kanssani. Yhä vielä unessa hyppäsin joskus ylös makuualustaltani ja aloin etsiä hänen kasvopyyhettään. Tunsin syyllisyyttä, koska olin maannut nukkumassa. Herätessäni vihdoin ymmärsin vain uneksineeni. Pyysin Ammalta anteeksi, että olin nukkunut ja asetuin lopulta uudelleen makuulle, sillä mitä muuta olisin voinut tehdä?

Joskus joku toinen tyttö jakoi huoneen kanssani ja ihmetteli, mitä tein noustessani ylös keskellä yötä. Näillä unilla oli tapana toistua ainakin kerran viikossa, joskus jopa useammin ja ne jatkuivat muutaman vuoden, kunnes loppuivat. Minusta tuntui, että Amman yritti muistuttaa minua yhä uudestaan ja uudestaan, että nukuin liikaa.

Varhaiset vuodet

Eräänä yönä Amma sanoi, että voisin nukkua hänen huoneessaan hänen kanssaan. Joskus hän antoi muutamien ashramissa asuvien tyttöjen tulla huoneeseensa erityisenä tilaisuutena saada olla hänen lähellään. Tämä yö oli erityinen, sillä oli Krishnan syntymäpäivä. Mahatmat eivät oikeastaan koskaan juuri nuku, sillä he ovat aina, jopa syvässä unessa täysin tietoisia. Joka tapauksessa tuolloin Amma kävi lopulta makuulle levätäkseen huoneensa parvekkeella ja asetuin nukkumaan lähelle hänen jalkojaan.

Pian vaivuttuani uneen näin uskomattoman unen. Uneksin löytäneeni kirjan, jossa oli universumin salaisuudet. Jonkin ajan kuluttua kuulin itseni kutsuvan kovaan ääneen Deviä pitäen käsiäni pääni päällä rukousasennossa. Devin kutsuni herättivät Amman. Hän kurottautui ja laittoi kätensä pääni päälle ja sanoi: "*Mol* (tytär), mol", yrittäen hiljentää minut. Nolostuin, että olin häirinnyt Amman lepoa, mutta hän ei sanonut mitään muuta. Kävimme vain molemmat uudelleen makuulle ja taas syvässä unessa näin unta universumin Jumalattaresta.

Herätessäni seuraavana aamuna lähdin hiljaa paikalta, etten häiritsisi Ammaa enempää kuin olin jo tehnyt. Myöhemmin sinä päivänä Amman tullessa huoneestaan menin hänen luokseen ja kysyin: "Amma tapahtuiko viimeyönä jotain?" hän sanoi: "Koko tämän ajan luulin sinun olevan Krishnan palvoja, mutta siinä sinä kutsuit Deviä!" Kysyin Ammalta mitä oli todella tapahtunut. Oliko se ollut vain uni vai todellinen henkinen kokemus? Amma vastasi: "Se oli osittain uni ja osittain kokemus. Se on todellisen antaumuksen alku. Pelkästään Mahatman hengitys riittää samaan ihmisille henkisiä kokemuksia." Eli sillä ei itse asiassa ollut mitään tekemistä kanssani. Se oli Amman hengitys, joka sai aikaiseksi tämän kokemukseni.

Varhaiset vuodet Amman kanssa olivat uskomattoman autuaita. Hän vietti suuren osan päivistä ja öistään samadhiin vaipuneena. Tuijottaessamme häntä rauha ja autuus satoivat yllemme. Kun Amma ei ollut syventynyt Jumalan rakastamiseen, vietti hän aikaansa rakastaen niitä, jotka olivat onnekkaita ollakseen hänen luonaan. Hän ei kyennyt piilottamaan rakkauttaan tai pitämään sitä itsellään, sillä rakkaus säteili hänen jokaisesta solustaan ja virtasi hänen kehonsa jokaisesta osasta.

Oi myötätunnon Luoja,
kuinka sait tämän nimen,
kun lakkaamatta
kiusaat särkevää sydäntäni?
En tunne myötätuntoasi
Odotan tämän palavan rakkauden kanssa
innokkaasti haluten Sinun armoasi

Kuinka monta kyynelvirtaa on minun itkettävä?
Kuinka monta tulta
on piinatun sydämeni poltettava?
Näinkö kiusasit Gopi parkoja
Ja Radhaa, jotka rakastivat sinua kauan sitten?
Etkö lainkaan häpeä?

Sääli meitä sieluparkoja
vapauta meidät surujen maailmasta.

Luku 4

Gurun myötätunto

"Jokainen pisara Amman verta, jokainen hiukkanen hänen elinvoimastaan on hänen lapsiaan varten. Tämän kehon ja Amman koko elämän tarkoitus on palvella hänen lapsiaan."

Amma

Se rakkaus, joka Gurulla on opetuslasta kohtaan, on totisesti suurinta rakkautta tässä maailmassa. Yhtäkään toista rakkauden muotoa ei voida verrata tällaiseen epäitsekkääseen jumalalliseen rakkauteen.

Äiti joka synnytti meidät, huolehtii meistä vain muutaman vuoden, ja nykyään kaikki äidit eivät tee edes sitä. Se rakkaus, joka Ammalla on meitä kohtaan, on kuitenkin hyvin erilainen, uskomattoman syvällinen ja kaikenkattava. Meidän vuoksemme hän on valmis käymään läpi millaisen uhrauksen tahansa. Amma on täysin jumaloivaltanut mestari, jolla ei itsellään ole karmaa, eikä niin ollen mitään velvollisuutta palata maan päälle. Niin toivoessaan hän voisi kehonsa jätettyään pysytellä ikuisesti sulautuneena korkeimman autuuden ja rauhan tilassa, eikä koskaan palata tähän kärsimysten ja tietämättömyyden maailmaan. Mutta meidän tähtemme hän sanoo palaavansa vapauttaakseen meidät. Hän sanoo olevansa valmis palaamaan

elämä toisensa jälkeen viedäkseen meidät jumaloivalluksen päämäärään. Tätä suurempaa rakkautta ei universumissa voi olla. Meidän tulisi tuntea itsemme äärimmäisen siunatuiksi siitä, että Ammalla on tämänkaltainen rakkaus meitä kohtaan. Olemme hyvin onnekkaita, kun olemme tulleet hänen luokseen ja alkaneet kokea tätä rakkautta.

Oli kerran eräs opetuslapsi, joka eli gurunsa ashramissa. Hänen mielensä oli yhä suuntautunut maallisiin haluihin, joten guru lähetti hänet pois, jotta hän menisi naimisiin ja tyydyttäisi mielensä halun, ja pyysi häntä palaamaan kymmenen vuoden päästä. Kymmenen vuotta kului ja opetuslapsella oli monta lasta ja hänestä oli tullut varakas. Guru vieraili hänen luonaan ja muistutti, että oli aika palata henkiseen elämään, mutta mies sanoi lasten olevan vielä pieniä ja tarvitsevan häntä. Hän halusi muutaman lisävuoden kasvattaakseen heitä ja sitten hän palaisi ashramiin.

Toiset kymmenen vuotta kului ja guru tuli taas vierailulle. Tällä kertaa opetuslapsi sanoi, että vaikka hänen vaimonsa oli kuollut ja lapset kasvaneet, eivät he silti tienneet kuinka hoitaa velvollisuuksiaan kunnolla ja saattaisivat tuhlata kaikki hänen rikkautensa. Joten hän tarvitsisi vielä muutaman vuoden, jotta he saavuttaisivat täyden aikuisuuden.

Seitsemän vuotta kului. Tällä kertaa gurun palatessa opetuslapsen talolle vahti suuri koira porttia. Guru tunnisti hänet opetuslapsekseen. Hän oli kuollut muutamaa vuotta aiemmin ja oli syntynyt uudelleen vahtikoiraksi, koska oli ollut kiintynyt omaisuuteensa ja lapsiinsa. Guru polvistui ja kutsui koiraa luokseen. Koira sanoi: "Mestari muutaman vuoden kuluttua palaan luoksesi. Lapseni ovat hyvän onnensa ovella, mutta heillä on muutamia vihollisia. Minun on suojeltava heitä ennen kuin voin lähteä."

Pyhä Matka

Kymmenen vuotta myöhemmin guru palasi jälleen. Koira oli kuollut ja guru näki, että kiintymisensä johdosta tämä oli nyt syntynyt myrkylliseksi käärmeeksi, joka eli talon kassakaapin alla. Guru päätti, että oli aika vapauttaa opetuslapsi harhasta. Hän kertoi opetuslapsen lapsen lapselle, että myrkyllinen käärme oli talon sisällä, mutta ei neuvonut tappamaan sitä, vaan antamaan sille kunnon selkäsaunan ja tuomaan sen sitten hänelle. Hänen neuvoaan noudatettiin.

Guru nosti kolhiintuneen käärmeen, hoivasi sitä hellästi ja kietoi sen kaulansa ympärille. Kävellessään takaisin ashramiin hän puhui käärmeelle rakastavasti: "Rakas opetuslapsi, kukaan ei ole koskaan kyennyt tyydyttämään halujaan antamalla niille periksi. Mieltä ei voi koskaan tyydyttää. Erottelukyky on ainoa pakopaikka. Herää! Voit edes seuraavassa elämässäsi saavuttaa korkeimman."

Siinä hetkessä käärme muisti aiemman henkilöllisyytensä ja oli hämmästynyt. *"Gurudev,* kuinka armelias oletkaan! Vaikka osoittauduin niin kiittämättömäksi, seurasit minua ja pidit minusta huolta joka ikinen hetki. Oi Gurudev, antaudun lootusjalkojesi juureen!"

Kuten tarinan Guru on Amma valmis odottamaan meitä useiden elämien ajan, etsien meitä kaikissa tulevissa syntymissämme, johdattaakseen meidät vapautukseen. Se on puhdasta rakkautta. Rakkautta joka ei koskaan vähene. Rakkautta, joka kestää kaiken ja on valmis odottamaan meitä ikuisesti. Amma on tämän rakkauden ruumiillistuma.

Vain Amma tietää, mitä Jumalallinen rakkaus todella on. Emme koskaan kykene täysin ymmärtämään rakkautta, jota hänellä on meitä kohtaan. Se on käsityskykymme ulkopuolella, kaiken kuvittelukykymme tuolla puolen. Meillä ei ole edes syvyyttä kokea muuta kuin murto-osa siitä, mutta vain

Gurun myötätunto

maistiainenkin todistaa Amman rakkauden olevan puhtainta, mitä koskaan voi olla.

Devi bhavan lopussa Intiassa eräs ashramissa asuvan tytön perhe sai tilaisuuden suorittaa *pada pujan*. Amma tiesi perheen olevan hyvin köyhä ja ihmetteli kuinka heillä oli ollut varaa pitkään junamatkaan tullakseen ashramiin. Sen jälkeen, kun hänen jalkansa oli rakastavasti kylvetetty jugurtilla, *gheellä*, hunajalla ja ruusuvedellä, Amma hämmästyi nähdessään perheen isällä olevan kauniin parin kultaisia nilkkarenkaita ja asettavan ne suurella kunnioituksella hänen nilkkojensa ympärille. Hän kysyi, mistä tämä oli saanut rahat ostaakseen ne, mutta mies ei vastannut. Eräs hänen ystävistään uskoutui myöhemmin Ammalle ja kertoi, että perheen isä oli lainannut rahat sekä matkaan, että nilkkarenkaisiin hyvin korkealla korolla vain voidakseen täyttää perheensä toiveen tehdä *pada pujan* Ammalle.

Amma kertoi meille myöhemmin, että perheen suorittaessa pada pujaa, hän tunsi heidän todella olevan täydellisesti antautuneita. Itse asiassa, he suorittivat pujan sellaisella antaumuksella ja vilpittömyydellä, että kyyneleet tulivat hänen silmiinsä ja hän tunsi itsensä pienenevän ja pienenevän, kunnes kirjaimellisesti tunsi menevänsä heidän sydämiinsä. Hän sanoi tämän tapahtuneen, koska heidän asenteensa oli niin täydellisen puhdas. Amma sanoi, että pada pujan tekemisen todellinen merkitys on palvoa Korkeinta Totuutta Gurun hahmoon ruumiillistuneena. Palvomalla gurun jalkoja ilmaisemme nöyryyttemme ja täydellisen antautumisemme.

Nämä ihmiset olivat äärimäisen iloisia saadessaan tilaisuuden Amman jalkojen palvontaan, vaikka heidän oli tultava velallisiksi sen tähden. Amma tunsi niin paljon myötätuntoa heitä kohtaan, että pyysi jälkeenpäin erästä henkilöä etsimään keinon auttaa heitä taloudellisesti ilman, että he tiesivät siitä.

Vaikka ihmiset ovat antaneet hänelle timantteja ja kallisarvoisia lahjoja, suurin ja arvokkain lahja Ammalle on puhdas ja epäitsekäs sydän.

Kerran retriitin aikaan Australiassa eräs tyttö tuli luokseni kyyneleiden valuessa hänen poskia pitkin. Hän sanoi: "Swamini, minun täytyy kertoa sinulle mitä juuri tapahtui. Amma on niin uskomattoman ihana, mutta kuinka moni meistä huomaa tämän?" Hän kertoi innostuneensa menemään Amman luo aamudarshanin aikana ja kysymään: "Amma kiltti, mitä voin tehdä palvellakseni lapsiasi?" Amma oli hyvin iloinen kuullessaan kysymyksen ja antoi tytölle omenan ja vähän pyhää tuhkaa. Sitten hän pyysi häntä viemään ne eräälle sairaalle naiselle, joka oli tullut retriittiin, mutta oli liian sairas ottaakseen osaa ohjelmiin. Amma pyysi tyttöä myös sanomaan naiselle: "Muista, että Amma on aina kanssasi."

Tyttö meni naisen huoneeseen ja kertoi tälle mitä Amma oli sanonut. Sitten hän laittoi hieman pyhää tuhkaa naisen otsalle ja paloitteli omenan hänelle yrittäen saada hänet tuntemaan olonsa niin kotoisaksi kuin mahdollista. Nainen pysytteli hyvin hiljaisena koko ajan. Lopulta hän sanoi tytölle, että haluaisi olla hetken yksin. Juuri, kun tyttö oli poistumassa huoneesta, nainen kutsui hänet takaisin ja kertoi kyyneleet silmissään: "Tiedätkös, olen ollut sairas hyvin kauan ja olin niin väsynyt elämään, että tänä aamuna olin valmis tekemään itsemurhan. Silloin sinä tulit tämän Amman *prasadin* kanssa. Nyt tiedän hänen rakastavan minua ja ajattelevan minua, ja tunnen voivani yrittää jatkaa elämääni. Haluan vain sanoa kiitos!"

Ihmiset ovat etsineet lukemattomia keinoja paeta tätä maailmassa elämisen tuskaa, silti useimmat keinoista päättyvät umpikujaan. Tietämättä minne kääntyä, he päätyvät usein epätoivoon. Mutta ne, jotka ovat olleet tarpeeksi onnekkaita löytääkseen Amman, ovat löytäneet aidon lepopaikan, aina läsnä olevan suojan ja elävän Mahatman jumalallisen myötätunnon. Lukemattomat ihmiset, jotka ovat vaeltaneet vuosia illuusion labyrintissä tietämättä minne kääntyä suruineen, ovat löytäneet Ammassa avoimen oven vapauteen. Kannettuaan koko elämänsä kärsimystensä taakkaa, on heiltä vihdoin nostettu se harteilta. Amma on antanut heille rauhan.

Suuret jumaloivalluksen tilan saavuttaneet mestarit näkevät kauneuden ja jumalallisuuden kaikessa ja tunnistavat kaiken jumalallisen ruumiillistumaksi. Heidän näkemyksensä maailmasta on sama kuin viattoman lapsen. He näkevät vaivatta oman Itsensä kaikkialla.

Amman antaessa darshania Intiassa paikalla on aina tuhansia ihmisiä, joskus yli 90.000 ihmistä yhdessä ohjelmassa. Silti Amma näkee jumalallisuuden kaikissa luokseen saapuvissa. Väsymättä hän jakaa jumalallista rakkauttaan kaikille, antaen tasapuolista rakkauttaan ja huomiotaan joka ikiselle, jopa kahdenkymmenenkahden tunnin jatkuvan darshanin jälkeen. Vaikka hänen oma kehonsa tuntee kipua, niin kuin usein on, ajattelee hän aina vain ihmisten tarpeita ja mukavuutta, eikä koskaan omaansa.

Vuonna 2004 Amma istuutui alas tuoliinsa Mangaloren ohjelmaa varten kello 18.30 aikoihin illalla, kello 16.00 seuraavana iltapäivällä Amma oli yhä voimissaan. Hän ei ainoastaan antanut darshania, vaan vastasi kysymyksiin, neuvoi ihmisiä ja tiedusteli, olivatko jonossa odottavat syöneet tai levänneet. Kuinka suuri onkaan hänen myötätuntonsa, joka loputtomasti virtaa lohduttaakseen ja kohottaakseen ihmiskuntaa.

Samana vuonna ollessamme Jaipurissa Amma lupasi mennä kuvernöörin talolle auttaakseen häntä jakamaan rahaa köyhille. Joka maanantai usean tunnin ajan kuvernööri otti vastaan 800

Pyhä Matka

- 1000 köyhää ja antoi heille kaikille 1000 rupiaa. Kuvernöörin talon takapuutarhassa näimme kaikki ihmiset ulkona jonossa odottamassa kärsivällisesti.

Kuvernööri oli hurmaava safaripukuun pukeutunut vanhempi mies. Hänellä oli lenkkarit jalassaan, jotta hän voisi liikkua helposti ihmisiä palvellakseen. Hän toisti yhä uudelleen: "Amma olet näyttänyt minulle tien". Oli hyvin koskettavaa nähdä näin myötätuntoinen mies. Amma pyysi häntä antamaan kaikkien köyhien osoitteet ja sanoi yrittävänsä auttaa heitä jotenkin. Hän vastasi: "Mutta Amma, näiden kaltaisia ihmisiä on satoja tuhansia ". Silti Amma halusi ehdottomasti yrittää tehdä voitavansa heidän hyväkseen. Oli suuri järkytys nähdä niin monia köyhiä, sairaita tai epämuodostuneita ihmisiä yhdellä kertaa. Amma sanoi menneensä sanattomaksi nähdessään heidät kaikki. Hän voi katsoa kuollutta kehoa helposti, mutta elävien kärsimyksen näkeminen oli liikaa.

Eräs nuori nainen oli kokovartalo kipsissä. Hänen aviomiehensä ja perheensä olivat heittäneet hänet kuiluun, koska hän ei ollut antanut tarpeeksi *myötäjäisiä* aviomiehensä perheelle. Toisilta puuttui raajoja. En kyennyt pidättelemään kyyneleitäni tullessani kahden pienen lapsen kohdalle, jotka olivat palaneet pahoin. Toinen oli kolmevuotias. Hänellä oli vain yksi korva ja kaksi koloa, jossa hänen silmiensä olisi pitänyt olla. Se oli sydäntä särkevä näky, joka tulee olemaan ikuisesti syöpyneenä mieleeni. He kertoivat, ettei perhe kyennyt maksamaan vuokraa, joten heidän majansa oli poltettu. Amma piteli lasta ja kysyi hänen nimeään. Hän vastasi suloisesti "Akash", ja nauroi Amman syleilyssä kevyesti hänen epämuodostunutta kehoaan. Kaikki me hämmästyimme siitä, että hän pystyi silti nauramaan. Hän sormeili Amman kaulassa olevaa *rudraksha*

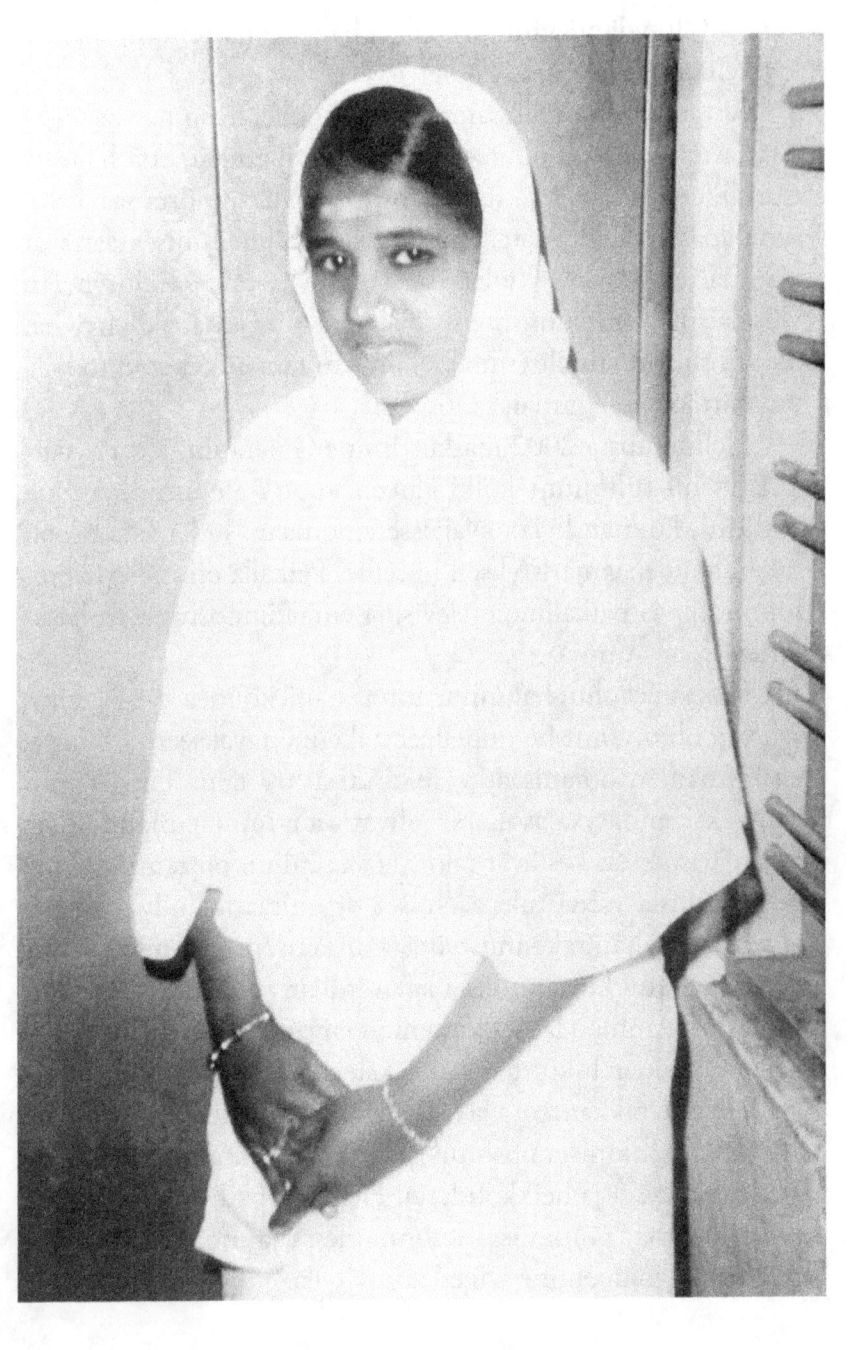

malaa. Oli sydäntä särkevää nähdä hänet ja taistelimme kaikki kyyneliämme vastaan.

Autossa keskustellessamme siitä, kuinka traaginen palaneiden lasten näky oli ollut, Amma sanoi yllättäen, että hänestä tuntui, että se oli ehkä tehty lapsille tahallaan, jotta saataisiin sympatiaa ja rahaa. Ajatellessamme sitä, mihin ihmiset saattavat ajautua köyhyyden vuoksi, sai sisälmyksemme kääntymään ylösalaisin. Amma on usein toistanut puheissaan köyhyyden olevan suurin vihollisemme. Nähtyäni tämän kykenin todella ymmärtämään Amman sanoman.

Helmikuussa 2002 matkustimme Gujaratiin, jossa maanjäristys oli tuhonnut koko alueen vuotta aiemmin. Amma osallistui kolmen kylän avajaisseremoniaan, jotka ashram oli rakentanut maanjäristyksen uhreille. Paikalla oli myös paljon toimittajia ja paikallinen televisioasema kiinnostuneena haastattelemaan Ammaa.

Kukaan ei ollut halunnut auttaa näitä kolmea kylää ja siksi ashram oli ottanut ne uudelleen rakennettavakseen. Olimme ensimmäinen organisaatio, joka sai 1200 taloa taloa täysin valmiiksi ennätysajassa. Ne olivat vahvimmat mahdolliset maanjäristyksen kestävät talot, koska niihin oli tehty tiettyjä rakenteellisia vahvistuksia. Toiset organisaatiot olivat tulleet ja tehneet vähän rakennustyötä, mutta useimmat niistä olivat lähteneet, kun kustannukset kävivät liian suuriksi tai työ liian vaikeaksi. Amman lapset kuitenkin jäivät, kamppaillen niiden kaikkien niiden lukuisten vaikeuksien kanssa, joita he kohtasivat. Heidän rakkautensa ja uskollisuutensa antoi heille voimaa selvitä mm. monista uusiutuvista malariakohtauksista, korkeasta kuumeesta ja heikkoudesta. He kamppailivat tehdäkseen työtä sateessa, polttavassa kuumuudessa ja monissa vaikeissa tilanteissa, joita emme voi edes kuvitella.

Gurun myötätunto

Amman rakkaus ja myötätunto kärsivää ihmiskuntaa kohtaan antoivat heille intoa ja voimaa rakentaa hienoimmat kylät, joita Gujaratiin on koskaan rakennettu. Kylät ovat nyt käytössä ja esimerkkejä laadukkaasta työstä, jonka omistautuneet ihmiset voivat saada aikaan. Hallituksen virkamiehet käyttävät niitä malleina näyttääkseen, kuinka tämäntapainen hanke tulisi suorittaa ja saattaa tehokkaasti loppuun.

Haastateltuaan Ammaa alkoi yhden suuren televisioyhtiön toimittaja kertoa meille kameran ulkopuolella monia surullisia ja huolestuttavia tilastoja korruptiosta ja huijauksesta, jota oli esiintynyt alueella maanjäristyksen jälkeen. Vain hyvin harvat ihmiset olivat saaneet rahaa hallitukselta paikkaamaan niitä menetyksiään, joita he olivat kärsineet. Eräs nainen oli saanut 2800 rupiaa, mutta insinööri oli vienyt 2000 rupiaa työstä, joka oli tarkoitus hänen talolleen tehdä ja jopa silloin nainen ei saanut vakuutusta siitä, että mitään koskaan tullaan tekemään. Oli surullista kuulla niin monien ihmisten puutteesta.

Toimittaja oli vaikuttunut nähdessään mitä Amman työntekijät olivat tehneet ja heidän väsymättömästä sitoumuksestaan. Hän halusi antaa meille kokoamansa tutkimusaineiston, jotta joku todella paljastaisi korruption ja auttaisi ihmisiä. Amma suostui vastahakoisesti ottamaan aineiston mutta tiesin, ettei hän käyttäisi sitä. Ei ole hänen tapansa osoittaa toisten vikoja, vaan yksinkertaisesti antaa hyvä esimerkki.

Sinä iltana ohjelma pidettiin yhdessä vasta rakennetussa 700 talon kylässä. Amman tullessa aloittaakseen ohjelman paikalliset ihmiset saapuivat tuhansittain paikalle toivottamaan hänet tervetulleeksi. He olivat koristaneet yksinkertaiset hevoskärryt ja halusivat hänen matkustavan niissä kunniavieraanaan. Vaikka hän ei yleensä suostuisi tällaiseen, niin heidän viattomasta ja rakastavasta eleestään johtuen Amma hymyili ja suostui

Pyhä Matka

nöyrästi heidän ehdotukseensa. Hän nousi heidän vaunuunsa ja häntä ajelutettiin kyläläisten huutaessa tuhansin äänin hänen kunniakseen "*Om Namah Shivaya*" ja "*Om Amriteshwaryai Namaha.*" Amma piteli kämmeniään yhteen liitettyinä tervehtiäkseen kaikkia, kun häntä saatettiin ohjelma-alueelle.

Eräs sivustaseuraaja kertoi minulle kuinka liikuttunut hän oli kuullessaan rumpujen lyönnit ja kyläläisten iloiset huudot. Amman vaunujen liukuessa näkyviin ja satojen käsien auttaessa työntämällä sitä, hänestä tuntui kuin se olisi ollut Krishna, joka ilmaantui loistossaan *Kurukshetran* taistelukentälle, niin majesteetillinen oli tämä näky Ammasta.

Hallituksen ylimmät virkamiehet, jotka lensivät paikalle varta vasten, pitivät lukemattomia ylistäviä puheita. Mutta se, mikä oli vieläkin vaikuttavampaa kuin onnitteluviesti Intian pääministeriltä, olivat ilon ja kiitollisuuden katseet uuden kodin saaneiden kyläläisten kasvoilla. He eivät olleet saaneet vain uusia koteja, vaan myös tilaisuuden uuteen elämään itselleen ja perheilleen. He tulivat Amman luokse rakkauden loistaessa silmissään ja antoivat vauvansa hänen siunattavakseen. He olivat hyvin onnellisia, koska he kykenivät nyt tarjoamaan lapsilleen tilaisuuden onnelliseen elämään ja uuteen alkuun.

Meillä ei aina ole mahdollisuutta rakentaa uudelleen koteja ja tulevaisuutta toisille, niin kuin joillakin Amman organisaatiossa. Mutta meillä kaikilla on tilaisuus avata sydämemme ja mielemme Amman rakkaudelle ja löytää innoitusta tehdä jotakin hyvää maailmalle.

*Suloisuus virtaa Sinusta
niin kuin ikuisesti virtaava joki.
Autuas armosi
ei koskaan valu kuiviin.
Sydämeni vuotaa ylitse onnesta
jokaisella vilkaisulla
Sinun kauniiseen muotoosi.
Ja joka kerta
Sinä täytät janoisen maljani.
Saada juoda aina Sinun nektariasi
on ainoa haluni.
Sinä pidät minua lumouksessa
ja kaikki muu putoaa pois.
Mitä ansioita olen tehnyt
saadakseni Sinun armosi runsauden?
En tiedä mitään
muuta kuin rakastaneeni Sinua.*

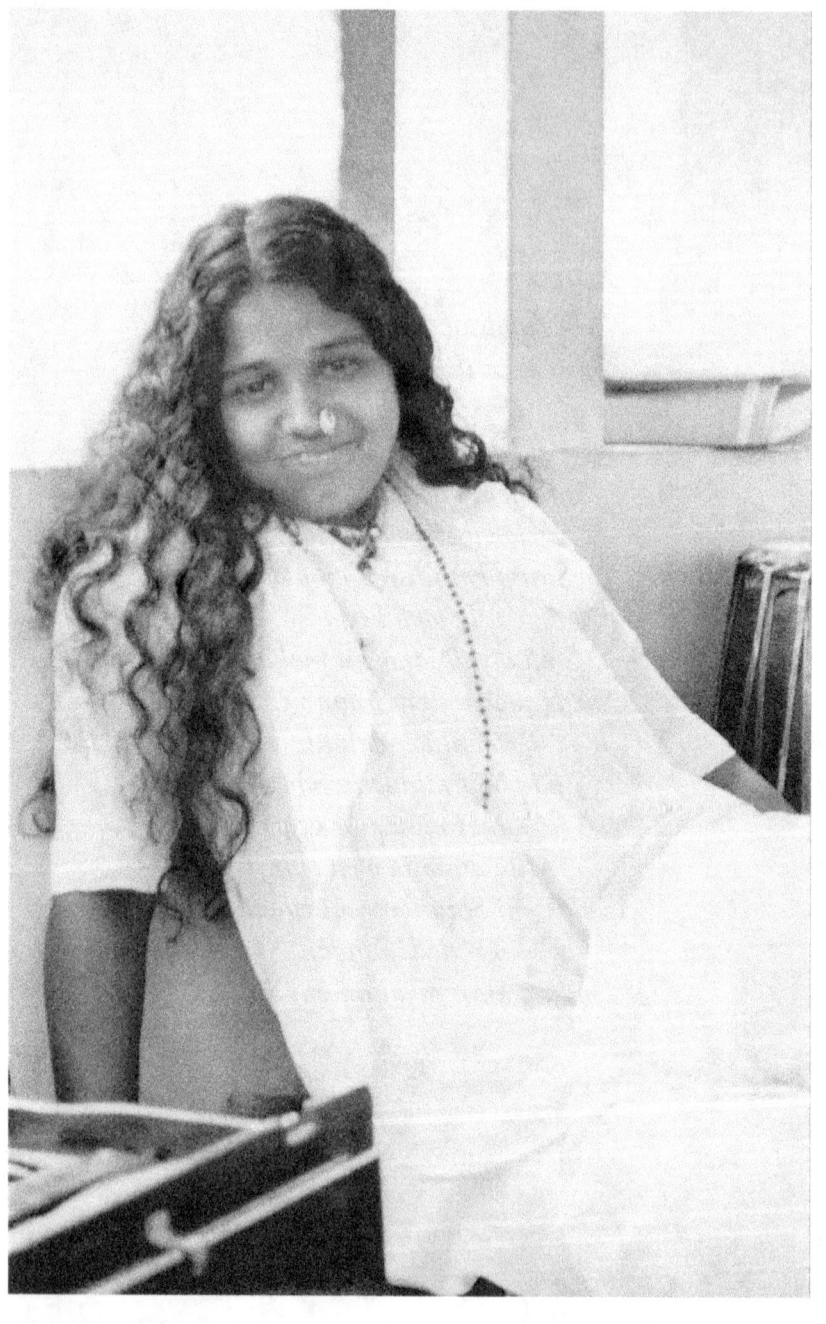

Luku 5

Amman elämä on hänen opetuksensa

"*Äiti ei tee minkäänlaista erottelua.
Hän tuntee kaiken Itsenään.
Äiti on syntynyt maailmaa varten,
hänen elämänsä on maailmaa varten.*"

Amma

Kaikista Amman toimista on löydettävissä korkein opetus, joka tuo esiin sen puhtaan rakkauden ja myötätunnon, jota hän antaa kaikille. Hänen elämänsä on hänen sanomansa. Se on pyhä kirjoitus, uskomaton esimerkki uskosta, antaumuksesta ja myötätunnosta kaikkia kohtaan. Kaikkineen Amman elämä on varmasti yksi suurimmista ihmiskunnalle koskaan annetuista korkeimman totuuden ilmentymistä.

Vaikka Amma tuntee muutamia sanoja useilla kielillä, ei hän puhu sujuvasti mitään muuta kieltä kuin malajalamia. Kaikkialta maailmasta ihmiset saapuvat tapaamaan häntä ja viettämään aikaansa hänen kanssaan. Jotkut heistä eivät puhu sanaakaan englantia, saati sitten malayalamia, silti Amman läsnäolo koskettaa välittömästi heidän sydämiään. Ei ole tarpeellista ymmärtää sanaakaan siitä mitä Amma sanoo, hänen syleilynsä kertoo kaiken. Hänen sujuvin kielensä on sydämen kieli.

Pyhä Matka

Yksi katse Ammalta riittää menemään syvälle ihmisten sydämiin ja muuttamaan heidän elämänsä täysin. Vain yksi vilkaisu Ammalta riittää. Amma voi tehdä *sankalpan,* että 20.000 ihmisen väkijoukosta jokainen tuntee olonsa hänen rakastamakseen. Hänen katsoessaan ympärilleen jokainen tuntee: "Amma katsoi minua ja hän rakastaa minua." Se johtuu siitä, että hän todella rakastaa meitä kaikkia tällä kiintymättömyydestä syntyvällä puhtaalla rakkaudella. Puhdas rakkaus on Amman koko olemassaolon ydin.

Äidin rakkaus saa tämän tekemään mitä vain lastensa puolesta. Viime Amerikan kiertueellamme nuori tyttö tuli luokseni sanoen: "Voinko kysyä sinulta kysymyksen? Kuinka leveä Amman vyötärö *(waist)* on?"

"Voi kuinka vaikea kysymys, " mielessäni mietin: "Kuinka minä aion vastata tuohon?" Sitten hän selitti: "Ei, ei, tarkoitan ranne *(wrist),* koska haluan ostaa hänelle rannekorun."

Helpottuneena siitä, että olin kuullut väärin sanoin hänelle: "No, jos hankit joustavan elastisen, niin se mukautuu hänen käteensä." Ja niin tyttö lähti onnellisena etsimään. Hän katsoi ja katsoi ja viimein löysi pinkin muovisen rannekorun, jota kukaan muu ei ollut halunnut. Olin juuri puolta tuntia aiemmin laittanut sen viidenkymmenen sentin osastoon toivoen, että joku ostaisi sen nopeasti, jotta pääsisin siitä eroon. Se kun ei ollut kaikkein tyylikkäin koru.

Tyttö tuli takaisin muutaman minuutin kuluttua rannekoru kiedottuna kukkakimppuun kuin kuminauha ja kertoi aikovansa antaa ne molemmat Ammalle. Olin hieman kauhuissani siitä millaisessa kunnossa rannekoru olisi saapuessaan Amman luo joten ehdotin, että hän voisi pidellä korua erillään kukista. Hän noudatti iloisena neuvoani ja juoksi pois. Mietin hiljaa mielessäni kuinka suloinen pikku tyttö oli ollut mutta kuinka kaamea oli se pinkki muovinen rannekoru.

Ohjelman loppuessa, ollessamme lähdössä autolle huomasin, että Ammalla oli tämä rannekoru ranteessaan. Se näytti itse asiassa viehättävältä Amman tummaa ihoa vasten. Päivä toisensa jälkeen Amma piti tätä rannekorua. Monet seuraajat tulivat luokseni sanoen: "Haluan ostaa tuon pinkin rannekorun riippumatta siitä mitä se maksaa." Kukaan ei ollut halunnut sitä ja yhtäkkiä sen arvo nousi viidestäkymmenestä sentistä täysin korvaamattomaksi. Tämän nuoren tytön viaton rakkaus oli tehnyt rannekorusta korvaamattoman arvokkaan. Amma oli suopeasti ottanut vastaan tämän pienen tytön sydämen lahjan.

Amma johti Euroopassa kerran suuren yleisön edessä *Atma pujaa*. Tuona erityisenä iltana Amma kutsui nuoret lapset istumaan kanssaan lavalle pujan ajaksi. Amma tekee joskus näin pitääkseen lasten mielenkiintoa yllä ja myös pitääkseen heidät hiljaisina ja hyvin käyttäytyvinä, jotta kaikki voisivat hyötyä pujan suorittamisesta ilman, että levottomat lapset keskeyttävät sitä. Pujan aikana Amma antoi kullekin lapsista makeisen. Hän muotoili karkkipapereita tarkasti pieniksi veneiksi ja antoi yhden jokaiselle lapselle. Pujan lähetessä loppuaan pieni tyttö alkoi itkeä hiljaa, koska hänen veneensä oli hajonnut. Pujan loputtua Amma jätti lavan ja siirtyi temppelirakennelmaan valmistautuakseen Devi bhavaan. Hän sanoi ensimmäiseksi: "Minun on tehtävä toinen vene tälle lapselle." Hän kertoi tämän olleen hyvin keskittynyt ja antautunut ohjelman aikana ja että oli harvinaista nähdä lapsella niin voimakasta keskittymistä. Rakkaus tekee Ammasta seuraajiensa palvelijan. Niinpä kaikki toimet olivat pysähdyksissä Amman käyttäessä muutaman minuutin tehdäkseen huolellisesti uuden paperiveneen tuolle pienelle tytölle.

Löydämme rakkauden jokaisen Amman toimen taustalta. Hänen ääretön rakkautensa ei tunne rajoja ulottuen koko ihmiskunnalle. Meidän on vaikeaa alkaa edes ymmärtämään puhtaan rakkauden käsitettä, koska oma rakkautemme on aina sidottu takertumiseen. Meidän rakkauteemme on liitetty mieltymyksiä, vaatimuksia ja kaupankäyntiä. Voimme rakastaa joitakuita, muttemme taas toisia. Vain Amma kykenee rakastamaan kaikkia tasapuolisesti ja ehdoitta.

Todistamme tätä Amman ominaisuutta joka päivä. Muistan kuinka ashramin varhaisina päivinä spitaalinen Dattan tuli saadakseen darshanin. Amman tapaamisen aikoihin hänen ei sallittu matkustaa edes bussissa avoimista haavoista nousevan löyhkän vuoksi. Myötätunnossaan Amma laittoi hellästi sylkeä kieleltään hänen vuotaviin haavoihinsa. Mahatman syljen kerrotaan olevan voimallinen lääke. Toisten tuntiessa inhoa Äiti kykeni ainoastaan osoittamaan hänelle rakkautensa ja huolenpitonsa. Oli uskomatonta nähdä hänen katseensa, äidillisen rakkauden katse, aivan kuin Dattan olisi ollut hänen rakkain lapsensa.

Jotkut saattavat luulla tietävänsä kuinka rakastaa. He saattavat sanoa toisilleen "rakastan sinua", ehkä jopa useita kertoja päivässä. Mutta jos tämä olisi todellista rakkautta miksi se pitäisi ilmaista sanoin? Sydämen ollessa täysi ei ole mitään sanottavaa, sillä todellinen rakkaus on sanojen tuolla puolen, se välittyy kaikissa teoissa ja vuotaa ylitse myötätuntona kaikille ympärillä olijoille. Siksi niin monet tuntevat vetoa Ammaan, sillä hän on puhtaan jumalallisen rakkauden syvin olemus. Saatamme etsiä rakkautta muualta, mutta mikään elämässä ei anna meidän kokea sitä rakkautta jota tunnemme Amman läheisyydessä.

Vain tämä puhdas rakkaus voi parantaa ihmisten sydämet ja poistaa heidän surunsa.

Monet perheet saapuivat Amman luo eräänä darshanpäivänä sydämet surusta raskaina menetettyään lapsensa kesäkuussa 2004, Kumbhakonamissa, Tamil Nadussa sijaitsevan lastentarhan palossa. Yhdeksänkymmentäneljä lasta oli kuollut ja ne muutamat selvinneet olivat pahoin palaneita. Tuskaiset vanhemmat lähestyivät Ammaa puristaen tiukasti tragediassa kuolleitten lastensa kuvia poveaan vasten. Jotkut heistä menettivät palossa jopa kaksi lastaan.

Eräs äideistä muuttui lohduttomaksi Amman syleilyssä. Hän oli menettänyt poikansa. "Amma! Anna minun nähdä lapseni jälleen!" hän itki. "Amma synnytin hänet, kasvatin hänet ja kärsin kaikki tuskat ja nyt hän on poissa. Anna minulle onni nähdä lapseni jälleen!" Amma piteli häntä lähes kymmenen minuuttia sallien naisen purkaa täysin tuskansa hänen käsivarsillaan. Koko sen ajan Amma pyyhki pois sekä naisen kyyneleitä että omiaan.

Selvisi että lasten kuollessa he olivat olleet kaikki yhteen kietoutuneina. Elämänsä viimeisinä hetkinä he olivat pidelleet toisiaan. Amma pitelee vaistomaisesti kaikkia tiukasti sillä hän tuntee järkyttyneiden ja surevien ihmisten tarpeet. Rakkaus virtaa hänestä luonnollisesti.

Kaikkein tärkein Amman meille opettamista asioista on kuinka rakastaa. Se on hienointa mitä voimme pyrkiä oppimaan ja kuitenkin se on ehkä se mitä olemme ymmärtäneet kaikkein vähiten. On paljon helpompaa oppia meditoimaan, toistamaan mantroja tai tekemään sevaa kuin todella rakastamaan. Mutta ellemme ole oppineet rakastamaan, ei millään muulla ole oikeastaan merkitystä.

Monta vuotta sitten Amma puhui kanssani ja halusin puhua *tapasista* (askeesista) ja *vairagyasta* (intohimottomuudesta). Hän kuitenkin käänsi aiheen yhä uudelleen takaisin rakkauteen. Olin tästä hieman ärtynyt koska halusin puhua hänen kanssaan jostain "syvällisemmästä". Mutta en vain saanut Ammaa siirtymään pois rakkaus aiheesta. Lopulta sanoin hänelle: "Mutta en halua rakastaa", Amman vastaus kuului: "Miksi sitten olet olemassa?" Selvästikin hänen näkökulmastaan rakkaus ei ole vain henkisyyden ydin, vaan se on elämän itsensä ydin.

Joku kysyi kerran miksi niin monet ihmiset purskahtavat itkuun Amman darshanissa. Amma selitti: "Rakkaus on jokaisen ihmisen sisin olemus. Rakkauden kosketaessa heitä, kun hyvyys heissä tulee kosketetuksi, se voi vuotaa ylitse kyynelinä. Rakkaus ja autuus lepäävät piilossa jokaisen sisällä. Amma on katalyytti joka herättää nämä ominaisuudet. Amman syleilyt eivät ole vain ruumiillisia, ne on suunnattu koskettamaan sielua."

Amman luo saapui Kalkutassa myöhäisessä murrosiässään oleva nuori. Hänen ystävänsä oli rakastunut Ammaan hullun lailla ja oli kertonut tälle hänestä, joten hän tuli darshaniin uteliaisuudesta. Laskettuaan päänsä Amman syliin kyyneleet alkoivat virrata hänen silmistään. Hämmästyneenä hän kysyi Ammalta: "Mitä minulle tapahtuu, miksi itken?" Amma vastasi: "Poikani, kun tapaat *todellisen* äitisi, se rakkaus joka on sisälläsi ilmentää itsensä kyyneleinä." Ainakin hän kykeni ymmärtämää sen rakkauden Ammaan, jota hänen ystävänsä oli kokenut.

Amma vastasi kerran, toimittajan kysyessä miksi hän syleilee ihmisiä: "Ihmiset ovat syntyneet kokeakseen puhtaan rakkauden, mutta eivät koskaan saa sitä. Syntymästä kuolemaan he etsivät kokeakseen sen. Amman syleilyn ja ihmisten kanssa kanssakäymisen päätarkoitus on herättää heissä puhdas rakkaus.

Tämän päivän maailmassa sekä miehet että naiset tarvitsevat äitiyttä, ravitsevaa äitiyden tunnetta, naisellista energiaa. Tämän energian vastaanottaminen tekee heistä itsenäisiä ja vapaita. Voimme tuntea olevamme vapaita vain tuntemalla rakkauden sisällämme. Amman halatessa ihmisiä välittää hän myös osan henkisestä energiastaan heihin, jotta he voisivat avautua tälle puhtaalle rakkaudelle."

Amma selittää, että vaikka elämässä tulisi vastaan millaisia ongelmia tahansa, luottamus Jumalaan vie meidät aina niiden lävitse. Vaikka tämä opetus on läsnä käytännöllisesti katsoen hänen elämänsä jokaisessa hetkessä, on varhaisilta vuosilta olemassa erityisen hyvä esimerkki. Yhtenä iltana ennen bhava darshaneiden alkua yksi Amman veljistä, joka oli hänen henkisiä toimiaan vastaan ja häiriköi säännöllisesti darshaniin saapuvia seuraajia, rikkoi kaikki öljylamput ja kaatoi jäljelle jääneen öljyn hiekkaan. Nämä lamput olivat ainoa valonlähde yön yli kestävässä ohjelmassa, joten kuinka darshan voisi jatkua? Jotkut seuraajista kyynelehtivät miettiessään mitä tehdä, mutta Amma käski heidän uskoa ja mennä vain rannalle keräämään muutamia simpukankuoria. Seuraajien tuodessaan ne hänen luokseen opasti hän heitä laittamaan lampun sydämet simpukankuoriin ja kaatamaan niihin öljyn sijaan vain vähän vettä. Sitten hän käski heidän sytyttää lamput. Ihmeellisesti nuo lamput paloivat läpi yön.

Amma opettaa meille kuinka elää onnellisena maailmassa ja samaan aikaa kohdata rohkeasti elämän vaikeudet. Hän muistuttaa meitä, että vaikka kärsimystä on kaikkialla, usko Jumalaan ja Guruun on lääke, joka parantaa kaikki sairaudet. Se on kuin elämän lautta, joka kuljettaa meidät yli kärsimysten valtameren. Emme voi paeta ongelmia. Voi olla meidän kohtalomme kärsiä, mutta Amma näyttää meille kuinka kohdata ongelmat voimalla ja rohkeudella, pitäen niitä tilaisuutena henkiseen kasvuun. Hän sanoo, että jos ongelmia ei olisi meitä haastamassa, niin ei olisi kasvuakaan. Vahva luottamus tuo sekä mielenrauhaa että täyttymyksen elämäämme ja antaa meille rohkeuden kohdata mitä tahansa myrskyjä edessämme onkaan.

Vuoden 2004 alussa Amma vieraili ensimmäistä kertaa Suratissa, Gujaratin osavaltiossa. On aina jännittävää ja arvaamatonta, kun Amma pitää ohjelman uudessa paikassa. Emme tiedä kuinka suuri yleisö tulee olemaan tai ovatko ihmiset rauhallisia vai levottomia. Matkustettuani Amman kanssa vuosia olen nähnyt väkijoukon kasvavan ja ihmisten tulevan innokkaammiksi ja jopa epätoivoisiksi saada tavata Amma. Totisesti tämä oli tilanne Suratissa.

Ohjelmapaikka oli aivan nurkan takana siitä, minne olimme majoittuneet. Tämä oli toisaalta käytännöllistä, mutta Amman halutessa antaa yksityisdarshanin muutamille, saapui ohjelmapaikalta 2000 ihmistä. Tungos oli hallitsematon. He päätyivät täyttämään talon ja tukkimaan portaat, kieltäytyen siirtymästä vaikka mitä tulisi. He sanoivat, etteivät lähtisi ennen kuin olisivat nähneet Amman ja saaneet hänen darshaninsa.

Eräs brahmachareista piteli heitä poissa portaiden yläpäästä meidän muiden ollessa loukussa joko ala- tai yläpuolella. Kukaan ei voinut mennä ylös eikä alas. Amman huoneen lasiovet tärisivät ja olimme huolissamme, että ne saattaisivat rikkoutua hysteerisen väkijoukon puskiessa ulkopuolelta niitä vasten. Amma halusi päästää ihmiset darshaniin, mutta muut sanoivat sen olevan liian vaarallista väkijoukon ollessa niin arvaamaton. Amma istui sohvalla ja pyysi kynää. Hän otti kaikki *vibhuti* paketit, jotka meillä oli huoneessa ja alkoi kiivaasti kirjoittaa niistä jokaiseen *"Om Namah Shivaya, Om Namah Shivaya"*. Kirjoittaessaan Äiti näytti olevan toisessa maailmassa. Tunsin hänen jotenkin kanavoivan pois tilanteen kireyttä tai vapauttavan jotain tällä tavoin.

Kulkutien tukkivien ihmisten asenteessa ei ollut muutosta. Koska olimme myöhässä, Amma päätti yhtäkkiä, että hän vain tulisi ulos ja menisi ohjelmaan. Olimme kaikki varuillamme Amman ilmestyessä oviaukkoon. Pelkäsimme hänen satuttavan itsensä ihmisten puristuksessa, mutta hän yksinkertaisesti alkoi painaa tietään kiihkeän väkijoukon läpi ja alas portaita, halaten matkallaan jokaista. Toisten yrittäessä puskea ihmisiä pois Amma veti kaikki syleilyynsä ja päätyi kirjaimellisesti halaamaan tiensä ulos tästä hyvin vaikeasta tilanteesta. Seistessäni hänen takanaan olin ällistynyt nähdessäni Amman tavallisena itsenään, hyväksyen kaiken ja vetäen kaikki luokseen, myötätuntoonsa rakkaudella, toisin kuin kaltaisemme normaalit ihmiset, jotka torjumme ja työnnämme tilanteet pois.

Väkijoukko oli aika kovaotteinen. Eräs edellä menneistä brahmachareista oli juuttunut tungokseen. Hän oli katsonut ympärilleen ja nähnyt yhden seuraajan jalkojen ympärille kietoutuneena keltaisen vaatteen, joka muistutti hänen *dhotiaan*. Katsoessaan alas hän havaitsi että se oli *hänen* dhotinsa kietoutuneena toisen henkilön jalkojen ympärille! Dhoti oli vedetty hänen yltään kaaoksessa. Olimme uupuneita saapuessamme autolle, taisteltuamme tiemme väkijoukon läpi. Amman onnistui kuitenkin päästä läpi ilman vastarintaa halaamalla ihmisiä sen sijaan että olisi työntänyt heitä pois tieltä. Myöhemmin joku mainitsi Ammalle, kuinka väkivaltainen ja aggressiivinen joukko oli ollut ja kuinka peloissaan he olivat olleet turvallisuutemme puolesta. Amman näkökulma oli täysin toisenlainen. Hän yllätti meidät sanomalla: "Oli itse asiassa hyvin kaunista nähdä näiden ihmisten rakkaus. Useimmat heistä eivät ole koskaan aiemmin tavanneet Ammaa, silti he olivat valmiita odottamaan niin kauan vain nähdäkseen hänestä vilauksen. Heillä todella oli niin paljon antaumusta."

Swami Vivekananda mainitsi kerran: "Merkityksettömässä elämässäni olen kokenut, että hyvät aikeet, vilpittömyys ja ääretön rakkaus valloittavat maailman." Ammasta, omalla ainutlaatuisella, hyvin yksinkertaisella ja nöyrällä tavallaan, on tulossa yksi suurimmista tämän maailman valloittajista, ei miekka kädessään vaan syleilemällä maailmaa rakkaudella.

En halua suuria lahjoja
Vaan rakastaa nöyrästi aina Sinua
En halua myöskään vapautusta tai kuolemattomuutta
Sen voit antaa muille.

Olen valmis syntymään lukemattomat kerrat
Kestämään lukemattomat surut,
Jos Sinä vain lupaat
Asua aina sydämessäni
Ja opettaa minua rakastamaan Sinua.

Luku 6

Kiintymys Guruun

*"Älä ajattele olevasi fyysisesti poissa Äidin luota.
Lakkaa kuuntelemasta mieltäsi
ja tunnet Amman sydämessäsi juuri siinä.
Silloin tulet tietämään ettei Amma ole
koskaan unohtanut sinua,
että olet aina ollut hänessä ja tulet aina olemaan."*

Amma

Useita kertoja vuodessa Amma nousee lentokoneeseen ja lentää toiselle puolelle maailmaa jättäen jälkeensä Intiaan lastensa särkyneet sydämet. Vaikka toinen puoli maailmaa kärsii erossa olon tuskaa, toinen puoli maailmaa riemuitsee hänen paluustaan. Jumaloivaltaneen sielun toimet eivät voi koskaan olla itsekkäitä, ne hyödyttävät aina maailmaa. Tällä yhdellä eleellä, jättäessään lapsensa, hän antaa heille mahdollisuuden kasvaa vahvoiksi surun täyttämän kaipauksen kautta. Heidän antaumuksestaan tulee syvää ja juurtunutta Amman sydäntä fyysisestä poissaolosta johtuen, sillä hänen poistumisensa pakottaa ihmiset löytämään sisäisen Äidin.

Läntiselle maailmalle Amma on kuin henkäys puhdasta ilmaa hukkuvalle. Hän lohduttaa ja lievittää maailmallisen

Pyhä Matka

olemassaolon tulessa palavien suruja. Monelle häntä tapaamaan saapuvista on heidän tyhjässä elämässään viimeinkin toivon kimmellys. Ihmisillä, jotka eivät ole koskaan todella uskoneet Jumalaan on viimein jotain toivoa johon tarttua. Nämä lukemattomat sielut iloitsevat saadessaan Amman jälleen keskuuteensa. Oltuaan poissa hänen luotaan niin pitkään he ovat kaivanneet tulla hänen pitelemikseen ja saada hänet hellimään pois maailmassa elämisestä koituneen surujen taakan. Surulliset sydämet Intiassa, riemuisat sydämet lännessä, kaikki sydämet ovat täynnä yksin Häntä.

Niinä vuosina, joina Amma on matkustanut länteen, ovat väkimäärät kasvaneet suuremmiksi kaikissa paikoissa, joissa hän vierailee. Yhteydestä Ammaan antaumuksellinen elämä ja rakkaus Jumalaan ovat syttyneet kukkaan niin monien sydämissä. Muutoksen näkeminen ihmisissä vuosien aikana on ollut kuin kukan terälehtien aukeamisen näkeminen sen kukkiessa tervehtiäkseen aurinkoa. Ihmiset ovat avanneet sydämensä ja elämänsä ottaakseen Amman syvälle sisimpäänsä sen rakkauden ja antaumuksensa kautta, jonka ovat häntä kohtaan kasvattaneet.

Eräällä tytöllä, joka alkoi vierailla Amman luona hänen varhaisilla kiertueillaan Yhdysvalloissa, oli tapana ilmaantua epäsiistinä ohjelmiin hyvin epäsiistinä ja heiluttaa rastatukkaansa Amman bhajaneitten tahdissa. Oltuaan jonkun aikaa Amman kanssa hän alkoi pukeutua valkoiseen lakanaan. Hänellä ei yleensä ollut paljoakaan rahaa ja tämä oli lähimpänä valkoista saria minkä hän löysi. Hän halusi niin kovasti tulla yhdeksi Amman lapsista. Nyt, muutamia vuosia myöhemmin, hänellä on hyvin vahva ja selvä päämäärä elämässään. Hänestä on muotoutunut kaunis nuori nainen joka opiskelee lääketiedettä, jotta voisi palvella Ammaa työskentelemällä AIMS sairaalassa köyhien palveluksessa.

Koko luomakunta tuntee vetoa Ammaan. Aivan kuten ihmiset pitävät häntä vastustamattomana niin pitävät eläimet ja hyönteisetkin. Ollessamme vähän aikaa sitten Trivandrumissa istuin Amman takana lavalla ja huomasin mehiläisen ryömivän hänen yllään. Toinen mehiläinen hänen sarinsa alla yritti päästä vielä lähemmäksi. Sitten kesken bhajaneiden Amma yhtäkkiä kääntyi ympäri ja ojensi minulle puisen rumpukapulansa, jolla hän pitää yllä tahtia. Sekunnin ajan sydämeni löi tyhjää kun luulin hänen pyytävän minua johtamaan bhajaneita! Sitten huomasin mehiläisen istumassa kepin päässä. Amma halusi löytää hänelle turvallisen kodin, tämän saatua ensin hänen siunauksensa, aivan kuten kenelle tahansa lapsistaan, jotka hakevat suojaa hänen luotaan. Kannoin rumpukapulan lavan reunalle ja katsoin mehiläisen lentävän autuaallisesti pois.

Toisella kertaa näin perhosen istumassa Amman kukkaseppeleellä Devi bhavan aikana ja ajattelin: "Kuinka kaunista, koko luonto haluaa tulla hänen darshaniinsa", ja annoin sen olla. Hetken päästä perhonen oli saanut tarpeekseen ja lensi pois, mutta palasi sitten kaksi minuuttia myöhemmin saadakseen lisää. Aloin hieman ärsyyntyä sillä kaikki tietävät, että on sallittua saada vain yksi darshan, kaksi darshania ei ehdottomasti ole sallittua, riippumatta siitä kuinka monta jalkaa tai siipeä sinulla on!

Aivan kuten perhonen ja mehiläinen tunsivat vetoa Ammaan, voidaan tämä vetovoima jota me tunnemme häntä kohtaa nähdä myös kiintymyksenä. Vaikka kiintymys nähdään yleensä henkistä kehitystämme hidastavana, Guruun muodostamme side kiihdyttää henkistä edistymistämme ja avaa sydämemme. Amma sanoo, että rakkauden siteen, uskon ja

Pyhä Matka

antaumuksen kehittäminen Guruumme on kaikkein tärkeintä. Yksistään tämäkin voi viedä meidät päämäärään. Kaikki kurinalaisuutemmekaan ei voi auttaa kehityksessä yhtä paljon kuin siteen kehittäminen täydelliseen mestariin, sillä lopulta yksin Gurun armo tuhoaa *egomme*. Saatamme meditoida monta tuntia tai suorittaa kaikenlaisia ankaria harjoituksia. Voimme opiskella vuosia kirjoituksia ja oppia toistamaan tuhat mantraa, mutta kaikki nämäkään eivät takaa itseoivalluksen päämäärän saavuttamista. Luodessamme rakkauden siteen Guruun, emme voi koskaan jättää häntä. Tämä side kestää elinkausia ja johdattaa meidät lopulta päämäärään.

Voidakseen luoda siteen Ammaa ei ole välttämätöntä olla aina hänen fyysisessä läheisyydessään. Vaikka jotkut saattavat tuntea, että ashramin asukkaille on helpompaa saada vahvempi side häneen, ei tämä ole välttämättä totta. Viimeisinä kuluneina vuosina Amma ei ole viettänyt Intian ashramissa enempää kuin kaksi kuukautta kerrallaan. Säännöllisin väliajoin hän lähtee kiertueelle Intiaan tai jonnekin muualla maailmaan. Jälkeen jäävät asukkaat ovat joutuneet opettelemaan kuinka vahva side Ammaan säilytetään hänen ollessa fyysisesti poissa. Ihmiset jotka asuvat poissa hänen luotaan voivat viettää yhtä henkisesti suuntautunutta elämää kuin ashramissa Amman luona asuvat. Voimme rakentaa suhteen Ammaan ja edistyä henkisesti missä tahansa olemmekaan.

Eräs seuraaja Mumbaista kertoi minulle tarinan ystävästään, naisesta joka ei ollut koskaan tavannut Ammaa mutta matkusti *Amritapurin* ashramiin hänet tavatakseen. Ystävä oli epäluuloinen Ammaa kohtaan ja tunsi, että ehkä tämä osoittaisi enemmän huomiota varakkaille ja kuuluisille kuin köyhille ihmisille. Seuraaja oli haluton pyrkimään vaikuttamaan ystäväänsä oman mielipiteensä ilmaisulla ajatellen, että olisi parempi antaa hänen vain kokea Amman darshan ja nähdä itse Amman tasapuolisuus ja rakkaus kaikkiin. Joten hän pysytteli hiljaa.

Heidän saapuessaan paikalliselle juna-asemalla lähestyi vanhemman puoleinen kantaja heitä. Hän osoitti suurta iloa tajutessaan heidän olevan menossa Amritapuriin. Hän kertoi olevansa yksi Amman suosikkiseuraajista ja että tämä rakasti häntä hyvin paljon. Itse asiassa, hän sanoi, joka kerta kun hän vieraili ashramissa Amma laittaa hänet istumaan aivan viereensä pitkäksi aikaa. Hän sanoi että hänen *täytyy* vierailla Amman luona joka viikko, muuten tämä kaipaa häntä hyvin paljon!

Kuullessaan tämän ei epäluuloinen voinut muuta kuin tuntea liikutusta. Vaikka maailman silmissä tämä kantaja oli vain köyhä vanha mies, Ammalla oli hänelle niin paljon rakkautta. Amma johdatti häntä henkisellä tiellä antamalla hänelle näin suuren rakkauden siteen. Tästä Ammalta saadusta huomiosta johtuen hänen yksinkertainen elämänsä oli täynnä iloa.

Amma vahvistaa tätä sidettä jokaiseen meistä. Mutta meidän tulee tehdä oma osamme. Tämä ei tarkoita välttämättä aina Amman vieressä istumista tai henkilökohtaisen palveluksen suorittamista hänelle. Side vakiintuu, jos muistamme häntä rakkaudella, uskolla ja antaumuksella. *Vrindavanin Gopit* esimerkiksi eivät tehneet normaalia meditaatiota tai ankaria harjoituksia. He suorittivat kaikki toimensa, pyykinpesun, ruuanlaiton, vauvoista huolehtimisen, voin teon, veden noudon joesta, Sri Krishnaa muistaen, jopa kuvitellen tekevänsä kaiken Krishnalle. Lopulta he sulautuivat Häneen uskonsa ja antaumuksensa voimasta.

Amma kertoi kerran kauniin tarinan eräästä gopista ja hänen rakkaudestaan Krishnaan. Gopin kuulleessa Krishnan

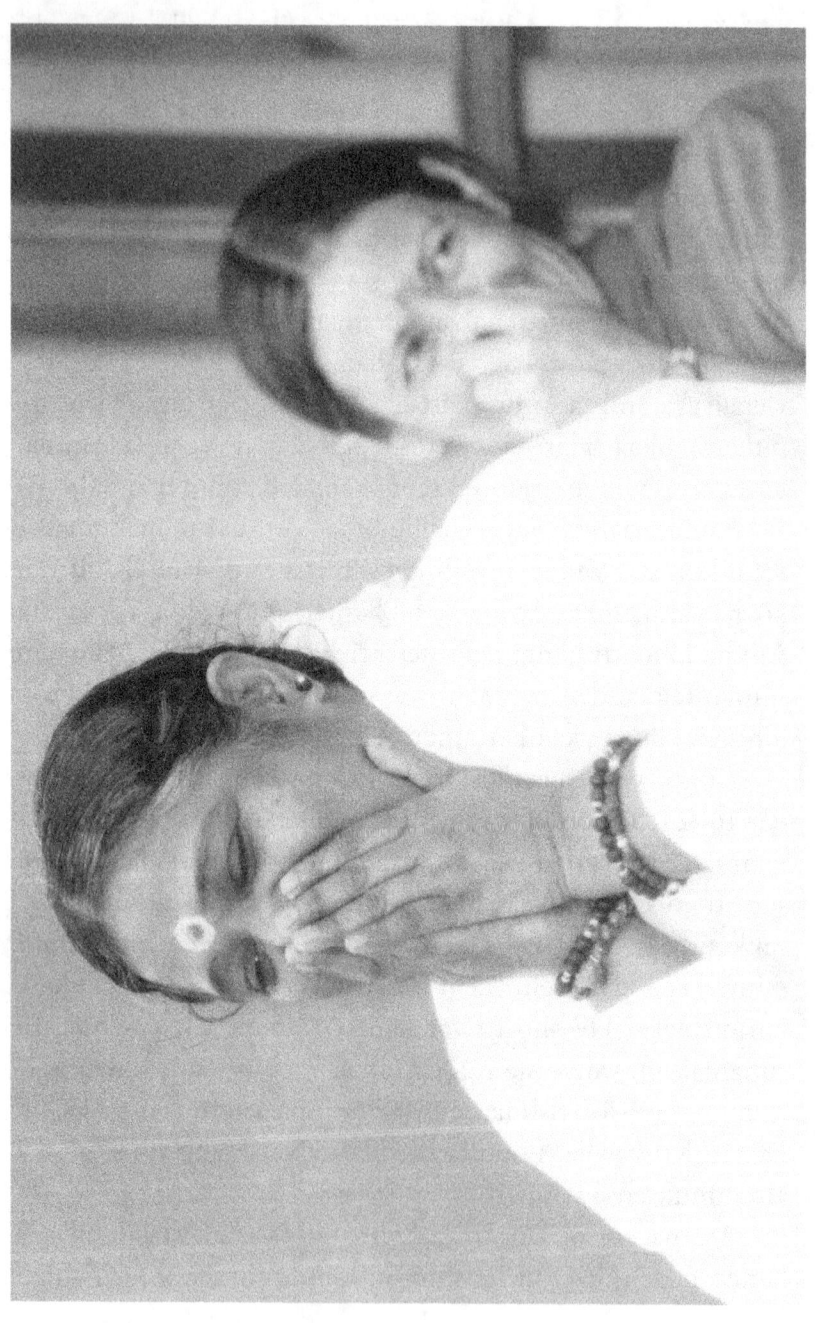

huilun soiton metsässä, halusi hän juosta ollakseen Krishnan kanssa, mutta hänen miehensä otti hänestä kiinni eikä päästänyt häntä menemään. Gopi oli niin poissa tolaltaan, että hänestä tuli kuin kala kuivalla maalla, vapiseva ja niin järkyttynyt siitä ettei voinut olla Krishnan kanssa, että hän jätti kehonsa siinä paikassa ja siinä hetkessä. Aviomies sai kehon jonka halusi, mutta sielu sulautui Krishnaan.

Ammalle henkisen ja maallisen elämän välillä ei ole eroa, sillä hän näkee Jumalan kaikessa. Myös meidän tulisi pyrkiä kohti tätä perimmäistä näkemystä.

Tullessani ashramiin ensimmäistä kertaa monia vuosia sitten Amma sanoi minulle: "On tarpeen kehittää kiintymys joko Ammaan tai ashramiin", useimpien valitessa Amman, kummallista kyllä, valitsin kiintymyksen ashramiin. Perinteisesti ashram ymmärretään Gurun kehon jatkeena. Guru ei ole rajoittunut kehoon, sillä hän luomakunnan jokaisen atomin sisimmässä oleva korkein kosminen prinsiippi. Olen huomannut elämässäni, että jos omaa vilpittömyyttä ashramia kohtaan, tuo tämä lähemmäs Ammaa.

Kiintymys, jota tunnemme Ammaan, ei ole niin kuin mikä tahansa muu kiintymys joka meillä saattaa olla. Kiintymys nimeen, maineeseen tai kunniaan luo henkisiä esteitä, kun taas kiintymys Ammaan edistää henkistä kasvuamme. Kiintymys Gurun muotoon on kuin tikapuut jotka johtavat meidät itseoivalluksen korkeuksiin. Saavuttaessamme katon emme tarvitse enää tikapuita. Amma sallii meidän olla kiintyneitä muotoonsa johdattaakseen meidät korkeammalle ja korkeammalle kohti päämäärää. Saavuttaessamme päämäärän kykenemme päästämään täysin irti kiintymyksestämme fyysiseen muotoon.

Äiti kertoo meille aina, että jos haluamme kehittää rakkautta häneen, ei meidän tulisi kiinnittää itseämme ainoastaan hänen ulkoiseen olemukseensa, meidän tulee yrittää saavuttaa hänet sisältä käsin, sillä silloin meillä on hänet aina. Jos rakastamme vain Amman ulkoista olemusta, saattaa se rakkaus kuihtua, sillä rakkautemme on niin ailahtelevainen, mielen aaltoihin perustuva. Yhtenä päivänä olemme rakastuneita, Amman osoittaessa meille huomiotaan, ja seuraavana päivänä huomaamme ettemme olekaan, kun luulemme ettei hän välitä meistä.

Vain vähän rakkautta Ammaan ei ole tarpeeksi pitääkseen meidät tiukasti henkiselle polulle juurtuneena. Meillä tulee olla vahva, vankkumaton usko yhdistettynä antaumukseen. Aidolla antaumuksella ei ole mitään tekemistä sokean palvonnan, tunteellisuuden tai fanatismin kanssa. Eikä se tarkoita yksinkertaisesti toisen käskyjen seuraamista ilman oman harkintakyvyn käyttöä. Aito antaumus on puhtaan rakkauden kukoistus sielusta, se on armo joka tulee pyrkimystemme seurauksena.

Vahva side jonka muodostamme Guruun voi auttaa meitä ylittämään haasteelliset tilanteet ja selviämään vaikeista ajoista. Tämä kiintymys syventää uskoamme ja saattaa auttaa meitä oppimaan antautumista.

Kesäkuussa 2000 San Ramonissa ashramissa Kaliforniassa sattui kaamea tulipalo onnettomuus Amman ohjelman aikana. Monet vammautuivat palossa. Sinä yönä Amma vieraili heidän luonaan sairaalassa. En ole koskaan nähnyt ihmisillä näin kamalassa tilanteessa niin paljon antautumista. Heillä näytti olevan täydellinen usko ja luottamus Ammaan ja kohtaloonsa.

Amma kertoi heille, että missä tahansa päin maailmaa he olisivatkaan olleet, tämän olisi täytynyt tapahtua ja se olisi ollut pahempi, jos se olisi tapahtunut muualla. Hän sanoi: "Tiemme on ristin tie. Meillä voi olla epäilyksiä tai voimme luottaa ja antautua ja kasvaa vahvoiksi tästä johtuen. Kynttilä sulaa kohdatessaan kuumuutta niin kuin jää sulaa veteen. Mutta tomua kuumennettaessa siitä tulee kuin kovettunutta savea ja siitä tulee vahvaa." Hän kertoi heille, että jos he pitäisivät Gurun jaloista kiinni antaumuksella ja antautuen, heistä tulisi paljon vahvempia tämän kokemuksen seurauksena.

Yksi heistä myönsi Ammalle tunteneensa ensin hieman vihaa ja epäilyksiä häntä kohtaa matkallaan sairaalaan, ihmetellen miksi Amma oli sallinut tämän tapahtua heidän tehdessä *sevaa*. Hän kertoi Ammalle myös että saapuessaan sairaalaan ja lääkäreiden raaputtaessa pois hänen palanutta ihoaan, kipu oli ollut hyvin voimakasta. Yhtäkkiä hänen sydämensä otti mielestä voiton ja hän pehmeni, samalla hetkellä hän tiesi että asioiden oli oltava näin, että hänen oli antauduttava. Hänen antaumuksensa Ammaa kohtaan ylitti mielen epäilyt ja jopa kivun. Toivuttuaan täysin seuraavana kesänä hän palasi iloisesti samaan keittiö sevaan. Joka vuosi hän odottaa saada tällä tavoin palvella Ammaa. Hänen antaumuksensa ja luopumisensa tällaisissa vaikeissa tilanteissa muodostui suureksi opetukseksi ja innoituksen lähteeksi meille kaikille.

Äiti sanoo antaumuksen tien olevan ehdottomasti helpoin tie. Buddha sanoi kerran: "Yksin antaumuksen ja vain antaumuksen kautta oivallat absoluuttisen totuuden. Absoluuttista totuutta ei voida oivaltaa normaalin mielen tasolla, ja polku tavallisen mielen tuolle puolen onnistuu vain sydämen kautta. Sydämen tie *on* antaumusta."

Varhaisina päivinä Amma kertoi meille, ettei meidän tulisi meditoida hänen muotoaan, vaan olisi valittava joku toinen muoto meditaatioomme. Hän sanoi, että meidän tulisi kaivata jotakin jota meillä ei ollut, ja koska asuimme Amman kanssa, meillä oli hänet kanssamme jatkuvasti. Äiti antoi meille esimerkin, että jos tekisimme virheen ja hän ojentaisi meitä, olisi meidän vaikeaa istua alas ja meditoida hänen muotoaan jälkikäteen, sillä ego reagoisi moitteeseen.

Kysyin Ammalta, että koska länsimaiset yleensä uskovat muodottomaan Jumalaan kuinka voisimme keskittyä Jumalan muotoon, jos uskomme muodottomaan olemuspuoleen? Amma vastasi: "Teeskentelet vain, että sinulla on antaumusta ja yhtenä päivänä se tulee."

Mietin Jumalan eri olemuksia ja valitsin viimein Krishnan meditaationi kohteeksi, mutta en kyennyt löytämään mistään sellaista kuvaa Hänestä, josta todella pidin. Se ainoa, jota kohtaan tunsin vetoa oli toisen, eikä hän antaisi sitä minulle. Eräänä päivänä, tuntiessani itseni hyvin turhautuneeksi, rukoilin ja itkin Krishnaa: "En vain kykene löytämään Sinun kuvaasi. Olen etsinyt kaikkialta, mutta en löydä Sinua, joten Sinun on tultava luokseni."

Sinä yönä menimme pitämään ohjelmaa ashramin ulkopuolelle. Bhajaneiden loputtua menimme läheiseen taloon sillä oli tapana, että seuraajat järjestivät meille aterian. Kävellessämme sisälle taloon näin seinällä vieretysten kaksi samanlaista kuvaa Krishnasta. Krishnan muoto oli kaunis ja tunsin välittömästi vetoa sitä kohtaan. Koska kuvia oli kaksi, en ujostellut kysyä saisinko toisen. Talon omistajat antoivat sen minulle mielihyvin. Tästä tuli meditaatiokuvani. Uskomatonta kyllä Krishna oli kuullut rukoukseni ja ilmestyi minulle vielä samana iltana. Jopa kaksikymmentä vuotta myöhemmin tämä kuva on yhä huoneessani.

Minulla oli tapana teeskennellä antaumusta Krishnaa kohtaan. Yritin kehittää vähän rakkautta hänen hahmoansa kohtaan. Toisella kertaa menimme erääseen taloon Kochinissa pitämään pienen ohjelman. Muistan istuneeni yrittäen meditoida hetken Amman läheisyydessä. Pysyin täydellisen keskittyneenä pitkän aikaa. Yhtäkkiä kuva Krishnasta muotoutui vakaaksi mielessäni ja kyynelten valuessa silmistäni tunsin rakkauteni Krishnaan kasvavan sydämessäni.

Noina varhaisina vuosina minulla oli tapana meditoida meditaatiohuoneen verannalla. Muistan itkeneeni ja itkeneeni ajatellessani Krishnaa meditoidessani. Tämä oli minulle yllätys ja kysyin Ammalta: "Onko tämä antaumusta vai vain tunteellisuutta?" hän vastasi: "Hieman tunteellisuutta, mutta pääasiassa antaumusta. Kyky itkeä Jumalaa on kuin voittokupongin pitäminen kädessä." Olin uskonut Äidin sanoja antaumuksen teeskentelystä ja se todella toteutui.

Kehitettyämme rakkautta ja antaumusta Jumalaan, on se jotain, jota emme koskaan menetä. Vaikka se saattaisi joskus himmentyä, ei se koskaan todella jätä meitä. Tämä on ollut yksi Amman suurimmista lahjoista minulle.

Mestarin avatessa sydämemme syvimmän sopukan ja tarjotessa meille vilausta oman todellisen olemuksemme ytimestä, riemukkaan kiitollisuuden aalto virtaa häntä kohti, joka auttoi meitä tämän näkemisessä. Löytäessämme oman todellisen itsemme kukkii sydämessämme kaipuu ja kunnioitus Häntä kohtaan.

Olen heittänyt pois tämän maailman koristukset
Ainoa koru jota janoan
On kallisarvoinen antaumuksen kukkaseppele Sinulle.
Rakkauteni kyyneleet
Muodostavat todellisen rikkauden
Tässä valheellisessa harhakuvitelmien maailmassa
Kaikki muu katoaa
Pohtiessani Sinun sinistä lootuksenkaunista muotoasi.

Oi myötätunnon luoja
Kuinka voi särkynyt sydämeni olla liikuttamatta Sinua?
En pyydä mitään
Muuta kuin lootus jalkojesi kosketusta
Ja rakkauden Sinuun
Pitämään minulle seuraa ainiaan.

Harhaluulojen pilvet
Eivät enää pääse mieleeni
Ne ajaa pois
Sinun suojeleva muotosi
Joka asuu mielessäni.
Kaikki haluni
Ovat palaneet pois.

Luku 7

Pyhä matka

"Alussa henkisille etsijöille on hyödyllistä mennä pyhiinvaellusmatkoille. Vaikeuksien täyttämä matka auttaa ymmärtämään maailman luonteen."

Amma

Eräänä yönä muutama vuosi taaksepäin Devi bhavan lopussa Swami Ramakrishnananda tuli luokseni ja kysyi oliko minulla vielä ajokorttini. Vastasin myöntävästi. Sitten hän pyysi minua menemään ja pakkaamaan pikaisesti muutamia tavaroita, sillä Amma halusi lähteä ashramista vähäksi aikaa ja halusi minut mukaansa.

Oli varhainen aamu hiipiessämme ulos ashramista ja ajaessamme pois Amman autolla. Minulla ei ollut aavistustakaan, siitä minne olimme menossa, mutta kuka välitti sen ollessa loistava seikkailu Amman kanssa. Istuin etupenkillä ja Amma makasi takana Swami Ramakrishnanandan ajaessa. Ajettuamme hetken rantatietä Amma pyysi minua ajamaan. Olin iloinen, etten ollut syönyt sinä yönä mitään, sillä olisin tullut muuten hyvin sairaaksi. Siitä oli kymmenen vuotta kun olin viimeksi ajanut autoa, mutta toivoin että olisi niin kuin pyörällä ajosta sanotaan, ettei sitä koskaan unohda. Tiesin myös että minulla oli Amma hyvänä kakkosajajana. Ja vaikka unohtaisin, mikä poljin olisi mikin, hänen armostaan pääsisimme varmasti päämääräämme.

Siihen aikaan yöstä teillä ei ollut paljon ruuhkaa, joten ajaminen osoittautui helpoksi. Suuntasimme kohti päämääräämme, joka oli paikka nimeltä Kanvashram, eristetäytynyt metsäerakkomaja Varkalassa, noin kahden tunnin päässä Amman ashramista. Ajaessamme paikalle nuori portinvartija ei avannut portteja sanoen paikan vanhan swamin opastaneen häntä olemaan avaamatta kenellekään.

Sanoimme pojalle, että kyseessä oli *Amma,* mutta hän ei ymmärtänyt kuka Amma oli kyseessä. Hän sanoi, että vain asianajajan kirjallisella luvalla, hän voisi avata portit meille. Onneksi asianajaja asui lähistöllä joten Swami Ramakrishnananda ajoi hakemaan lupaa jättäen Amman ja minut istumaan tyytyväisenä kiviselle maalle Amman maatessa sylissäni katselemassa tähtiä.

Jotkut aikaisin heräävistä paikallisista tulivat paikalle ja Amma puhui rakastavasti hetkisen heidän kanssaan. He alkoivat kertoa meille villitiikereistä, jotka asuivat sillä alueella sanoen, että ne eivät vain syöksy päälle ja pure, vaan huitaisisivat tassuillaan kasvoihin niin että pää lähtee irti. Ne olivat kuin lapsille kerrottavia kummitusjuttuja ennen nukkumaanmeno aikaa, mutta tunsin oloni turvalliseksi maailmankaikkeuden Jumalallisen Äidin suojeluksessa.

Viimein Swami Ramakrishnananda palasi saatuaan lupakirjeen ashramiin pääsyä varten. Vanhan swamin tullessa portille ja nähdessä että kyseessä oli meidän Amma, jolta oli evätty sisäänpääsy, sai hän melkein sydänkohtauksen. Hän oli hyvin järkyttynyt laitettuaan Amman odottamaan niin kauan

ulkopuolella. Hän sanoi meidän olevan tervetulleita sisään, mutta selitti anteeksipyydelleen kaikkien huoneiden olevan lukossa ja että hänellä ei ollut avaimia, joten meille ei ollut sopivaa paikkaa majoittua. Ainoa tarjolla oleva paikka oli sivuistaan avoin olkikattoinen suoja. Amma sanoi, että tämä oli riittävä ja nauroi onnellisena johtaessaan meidät sinne toistaen *sanskritinkielistä* mantraa "*tyagenaike amritatvamanashuhu*" (vain luopumisen kautta voidaan kuolemattomuus saavuttaa). Tämä mantra on Amman ashramin motto ja viestii hänen elämänsä ja opetustensa ydintä. Niin halutessaan Amma voisi saada kaikki maailman ylellisyydet, mutta tässä hän oli, onnellinen nukkuessaan avoimen majan paljaalla sementtilattialla.

Levitimme ohuen puuvillalakanan alustaksemme ja asetuimme makuulle Amman viereen. Swami Ramakrishnananda asettui makuulle jonkin matkan päähän. Hän oli ottanut vahdin roolin ja oli löytänyt kookospuukepin suojaksi tiikereiltä, pitäen sitä vierellään siltä varalta, että ne hyökkäisivät.

Maattuamme vain viisi minuuttia kuulimme äänen. Amma hyppäsi pystyyn huutaen: "Ne ovat ne tiikerikissat! Ne ovat ne tiikerikissat!" Hyppäsimme Swamin kanssa paniikissa jaloillemme. Hetken päästä katsoimme kaikki toisiimme ja nauroimme ja nauroimme, sillä se oli ollut vain jokin pieni ääni viidakossa. Asetuttuamme hetkeksi uudelleen makuulle tapahtui tämä vähän ajan päästä uudelleen. Se tapahtui vielä monta kertaa sinä yönä ja se oli meistä niin mahdottoman hauskaa, että nauroimme enemmän kuin saimme unta.

Erään kerran kylläkin, villipedot todella tulivat. Kuulimme pahaenteistä kahinaa läheisistä lehdistä. Swami nousi nopeasti pystyyn, aseistautui kepillään, valmiina syöksähtämään päin tiikeriä ennen kuin se ehtisi syöksähtää meitä kohti. Minäkin nousin ylös sipsutellen ympäri pienen kynän kokoisen

taskulamppuni kanssa... ja *siinä se oli!* "Kyllä siinä on todellinen villipeto!", totesimme vanhan koiran hoippuessa ohitsemme. Koira parka näytti siltä, että se oli synnyttänyt satoja pentuja elämänsä aikana. Nauroimme kippurassa ja lopulta luovuimme yrityksestä saada enempää unta. Kuka tarvitsi unta kun oli Amman kanssa?

Seuraavana aamuna Amma lähetti Swami Ramakrishnanandan takaisin Amritapurin ashramiin, sillä hän ei halunnut kenenkään brahmachareista luulevan Amman suosivan ketään. Jäin siis yksin Amman kanssa. Tämä on jokaisen seuraajan sydämessään vaalima salainen toive, saada viettää yksi päivä kahdestaan Gurunsa kanssa.

Koska kylpyhuonetta ei ollut, päätimme kylpeä alueen lammessa. Vesi oli hieman ruskeaa ja tummaa, mutta silti viileää ja virkistävää. Amma rakasti vedessä oloa ja kellui onnellisena selällään lootusasennossa. Olin tyytyväinen pysyttelemään lammen laidalla ja katselemaan Amman kelluvan rauhaisasti, nauttien rauhallisesta ajastaan vedessä. Noustessamme lammesta olimme hieman likaisempia kuin mennessämme sinne, ruskean lietteen tarttuessa ihoomme. Emme kuitenkaan välittäneet lainkaan, koska sinä päivänä ei ollut ohjelmaa eikä virallisia tilaisuuksia joihin osallistua, joten meillä oli varaa olla näyttämättä parhaalta.

Amma oli ilahtunut ulkona luonnossa olemisesta ja katseli usein ympärillään olevia puita ja taivasta ja totesi kuinka kaunis luonto oli. Muutamana viime vuotena hän on saanut hyvin harvoin mahdollisuuden katsoa taivasta ilman väkijoukon kerääntymistä hänen ympärilleen. Tässä universumin Luojatar ihaili omaa luomustaan.

Olimme suunnitelleet viipyvämme kaksi päivää, mutta aamun puoleenväliin mennessä Amma tunsi jo kaikkien häntä

Pyhä matka

kaipaamaan jääneiden lastensa surun. Istuessani iltapäivällä lammella Amman kanssa, lauloi hän surumielisesti bhajanin taivaalle, kiville, vedelle, koko luomakunnalle. Kyyneleet valuivat pitkin Amman kasvoja hänen itkiessään. Mietin miksi hän itki. Itkikö hän meidän puolestamme, jotka olemme niin kiinni *mayan* otteessa? Vai niiden puolesta, jotka eivät voineet itkeä Jumalaa, tarjoten kyyneleensä heidän puolestaan? Vai itkikö hän sen itsekkyyden vuoksi, joka on niin syvästi juurtunut meihin, jota hän on vuosia yrittänyt kitkeä pois menestyksettä? Viimein Amma nousi ja sanoi: "Mennään takaisin. Lapset ovat kaikki niin surullisia. He eivät kestä Amman poissaoloa." Olin hyvin hämmästynyt. Amma olisi voinut jäädä ja nauttia tuon kauniin ympäristön rauhasta ja yksinäisyydestä, harvinainen tilaisuus hänen elämässään viettää hieman aikaa yksin. Mutta onko Amman koskaan tiedetty laittaneen oman nautintonsa tai mukavuutensa toisten surun edelle?

Ajoimme takaisin ashramiin. Näytti siltä kuin kaikenlaiset esteet olisivat ilmestyneet ajaessani tielle testaamaan ajotaitoani. Kerran norsu ilmestyi johtaen isoa paraatikulkuetta. Onneksi onnistuin olemaan osumatta kehenkään.

Ollessamme puolimatkassa takaisin ashramiin meitä vastaantuleva ajoneuvo alkoi soittaa torveaan ja näimme matkustajan heiluttavan kiihkeäsi kättään pysähtymisen merkiksi. Yksi asukkaista oli päättänyt tutkia katoamistamme ja ottanut taksin jäljittääkseen meidät. Amma nauroi hieman kuin tuhma tyttö ja sanoi: "Voi ei, jäimme kiinni!" Asukas oli pois tolaltaan meidän poistuttua ashramista kertomatta kenellekään. Hän kipusi autoon ja jatkoimme matkaamme kotiin.

Saapuessamme kaikki ashramin asukkaat seisoivat jonossa hiljaisuuden vallitessa, heidän kasvonsa loistivat antaumuksesta heidän odottaessaan vilausta Ammasta ajaessamme ohitse

Pyhä Matka

autollamme. Pohdin ymmärsivätkö he sitä Amman rakkauden määrää heitä kohtaan, joka oli saanut hänet uhraamaan kallisarvoisen tilaisuuden omaan rauhaan. Sisäpuolelle tullessamme pidimme Amman kanssa molemmat kasvomme peruslukemilla, mutta sydämessäni hymyilin yhä palauttaen mieleen hauskoja muistoja tuosta päivästä, jonka olimme yhdessä viettäneet. Vasta myöhemmin kuulimme, ettei Varkalassa itse asiassa ole lainkaan kissaeläimiä siihen aikaan vuodesta. Yhä nykyäänkin uusin ajokorttini joka vuosi, kaiken varalta!

Sydämeni uhraa kaiken Sinulle
Mutta mieleni varastaa takaisin maailmaan
Herätä minut tästä mielettömästä unesta.
Olen antanut Sinulle sydämeni,
Mutta mieleni ja kehoni on jätetty tyhjiksi tähän maailmaan.
Millüün ei ole enää mitään merkitystä,
Maailma on menettänyt suloisuutensa.
Ainoa ravinto jonka löydän
On Sinua kaipaavissa ajatuksissani.
Myötätunnon valtameri,
Vuodata muutama pisara armoasi
Tälle kurjalle sielulle.

Luku 8

Elämä on sadhanamme

"Sadhanaa ei tulisi tehdä oman vapautuksen vuoksi, vaan tullakseen tarpeeksi rakastavaksi, myötätuntoiseksi ja ymmärtäväksi poistamaan maailman kärsimykset. Meidän on tultava niin laajasydämisiksi, että koemme toisten kärsimyksen omanamme, ja työskenneltävä helpottaaksemme heidän kärsimystään."

Amma

Useimmat ajattelevat sadhanan koostuvan vain tietyistä henkisistä harjoituksista, kuten meditaatiosta, *japasta*, bhajaneiden laulamisesta tai mantrojen resitoimisesta. Kuitenkin saavuttaakseen todella jumaloivalluksen päämäärään, sadhana ei voi olla erillään siitä kuinka elämme elämäämme. Elämästämme tulisi tulla sadhanamme, ei vain niistä muutamista tunneista, jotka vietämme päivittäin tehden tiettyjä harjoituksia.

Reaktiomme missä tahansa tilanteessa tulisi nähdä henkisenä harjoituksena. Amma sanoo, että voimme arvioida henkistä kehitystämme huomioiden sen, kuinka reagoimme asioiden mennessä pieleen. Vihastummeko nopeasti vai kykenemmekö

Pyhä Matka

sopeutumaan ja mukautumaan tilanteeseen? Meidän tulisi harjoitella oikeaa tapaa toimia jokaisessa tilanteessa kaiken aikaa. Ammalla on täydellinen hallinta jokaisessa tilanteessa, mikään ei kykene horjuttamaan häntä. Hän tarjoaa meille täydellisen esimerkin siitä, että aidolla erottelukyvyllä kykenemme aina toimimaan oikein oikeaan aikaan.

Ashramin alkuaikoina meillä ei ollut mitään päivittäistä rutiinia seurattavanamme. Teimme työt jotka piti tehdä ja vietimme lopun ajan Amman kanssa. Muutaman vuoden kuluttua Amma pyysi meitä luomaan aikataulun ja pitäytymään siinä. Tämä oli meille aluksi haaste, mutta teimme parhaamme seurataksemme hänen ohjeitaan.

Amma rohkaisee meitä aina ylläpitämään jatkuvuutta ja keskittymistä sadhanassamme ja hän oli hyvin luova siinä kuinka kurinalaisti meitä. Satunnaisesti hän saattoi ilmestyä aikaisin aamulla ja paukuttaa huoneittemme ovia herättääkseen meidät, ellemme olleet osallistuneet aamun *archanaan*. Amman pelossa osallistuimme säännöllisesti muutaman päivän, vaikka Amman kiihkeän ohjelmatahdin kanssa harjoituksissa säännöllisenä pysyminen oli vaikeaa.

Istuessaan kanssamme meditoimaan saattoi Amma joskus pitää pientä pinoa pikkukiviä vierellään. Nähdessään jonkun nukahtavan ja menettävän keskittymisensä hän heitti tätä pikkukivellä tähdäten täydellisesti. Tämä oli nerokas keino pitää useimmat meistä hereillä ja valppaina.

Eräänä päivänä Amma laati meille ohjelman, johon kuului kahdeksan tuntia meditaatiota joka päivä. Useimmat meistä kuitenkin huomasivat, ettemme kyenneet tätä tekemään. Äiti oli sanonut jollekulle: "Laitan heidät istumaan niin pitkään saadakseni heidät näkemään kuinka syytämme muita kaikista omista ongelmistamme. Ajattelemme kaikkien ongelmien

Elämä on sadhanamme

tulevan ulkoa, mutta todellisuudessa ne tulevat sisältä, omasta mielestämme. Tällä tavoin voimme nähdä mielen olevan se, joka todella luo meidän kaikki ongelmat. Ymmärrämme siten aivan henkisen elämämme alusta lähtien kaikkien vaikeuksien olevan lähtöisin sisältämme, omasta mielestämme."

Tullessani ensikertaa ashramiin minulla oli halu työskennellä kovasti koko päivän ja viettää koko yö itkien Jumalaa. Ammalla oli tapana tehdä näin. Kuvittelin itseni paastoamaan pitkään, viettämään tunteja uppoutuneena syvään meditaatioon tai tekemään itsekuriharjoituksia seisten täydellisen hiljaa jooga asennossa yhdellä jalalla. Mutta todellisuudessa näin ei tapahtunut. Sen sijaan löysin itseni työskentelemästä tuntikausia siivoten vessoja ja pilkkoen vihanneksia ja useimmiten nukahtaen kesken meditaation.

Oivalsin, että vaikka meillä saattaisi olla halu suorittaa ankaria itsekuriharjoituksia, meillä ei ole tarvittavaa vahvuutta tehdä niin. Meillä voi olla korkealentoisia henkisiä unelmia ja haaveita tulla edistyneiksi henkisiksi etsijöiksi, mutta tänä päivänä ja aikana useimmilla meistä ei ole sinnikkyyttä ja itsekuria kyetäksemme tekemään paljon tapasia. Vain muutaman minuutin keskittyneen Jumalan itkemisen jälkeen saatamme huomata, että mielemme on vaeltanut johonkin arkiseen aiheeseen. Kyyneleet ovat saattaneet kaikki kuivua ja kaikki antaumukselliset ajatukset kadonneet mielestämme alkaessamme pohtia milloin on seuraava ateriamme

Koska useimmat meistä eivät kykene viettämään pitkään suorittaen ankaraa askeesia, on meillä oltava sadhanallemme helpompi päämäärä. Ystävällisyyden osoittaminen toisille on suurempi harjoitus kuin kaikkien maailman kurinalaisuuksien harjoittaminen. Sillä että yrittää olla ihmisille ystävällinen, auttaa jotakuta ilman avunpyyntöä ja erityisesti kun sitä pyydetään, voi saada paljon aikaan. Mitä hyötyä on henkisistä harjoituksista, elleivät ne auta meitä tulemaan myötätuntoisemmaksi toisia kohtaa ja paremmaksi maailman palvelijaksi? Lähes joka päivä vuosien ja vuosien ajan, Amma lauloi *Shakti Rupe* nimistä bhajania. Hän lauloi:

> *"Eikö ole outoa jos,*
> *Käveltyään kunnioittavasti ympäri temppeliä,*
> *seisoo ovella ja potkaisee kerjäläistä?*
> *Eikö tämä ole henkisen tien pilkkaamista?*
> *Mitä hyötyä on Jumalan kaipaamisestasi,*
> *Jos niin tehdessäsi satutat lähimmäistäsi?*
>
> *Oi Äiti, mikä on tarve Sinun palvelemiseesi*
> *Jos toisia palvellessaan näkee Sinut heissä?*
> *Eik se ole todellista karma joogaa?*

Amma ei koskaan tyrkytä opetuksiaan kenellekään, mutta laulamalla tätä syvästi merkityksellistä bhajania päivä toisensa jälkeen, alkoi opetus mennä perille.

Joku kysyi kerran Albert Einsteinilta mikä oli merkityksellisin hänen maailman uskontojen tutkimuksistaan oppimansa asia. Hän sanoi: "Tärkein asia, jonka olen oppinut, on osoittaa hieman ystävällisyyttä." Amma muistuttaa meitä usein, että ellemme kykene auttamaan toisia materiaalisesti, voimme edes hymyillä, lohduttaa heitä ystävällisillä sanoilla ja yrittää siten kohottaa heidän mielialaansa. Kaikista näistä pienistä asioista voi muodostua henkinen harjoitus, joka auttaa meitä puhdistumaan sisäisesti.

Kaikki eivät voi lähteä tekemään fyysistä palvelustyötä. Niiden ihmisten jotka siihen kykenevät tulisi toki niin tehdä.

Elämä on sadhanamme

Ja niiden jotka eivät kykene, tulisi ajatella positiivisia ajatuksia. Usein on sanottu ajatusten olevan tekoja voimallisempia. Kehomme ja mielemme on annettu meille, ei vain meidän itsemme käyttöön, vaan opetellaksemme kuinka palvella muita. Meidän tulisi yrittää parhaamme antaaksemme itsestämme ihmiskunnan hyödyksi. Amma antaa aina itsestään kaikille, tarjoten täydellisen erimerkin meidän seurattavaksemme.

Amman nuoruusvuosina kuluivat hänen päivänsä Jumalaa ajatellen, muistaen Häntä kaikissa toimissa. Nuorena tyttönä Amma päätti ensin koulutyöt ja saattoi sitten loppuun kotityöt perheensä kotona. Mutta se ei riittänyt hänelle vaan hän meni vielä moniin kylän taloihin ja teki auttoi myös heitä kotitöissä. Damayanti Amma ei koskaan käskenyt Ammaa tekemään kaikkia noita ylimääräisiä töitä, se oli Amman oma ajatus. Hänen äitinsä oli tyytyväinen siitä, että hän työskenteli ahkerasti, mutta ei pitänyt siitä kun tavarat heidän talossaan katosivat. Perheen kesken oli sanonta: "Olet sitten nälkäinen tai et, mene ja syö, koska jos et syö Sudhamani vie kaiken ruoan ja antaa sen jollekulle toiselle ja sitten, kun olet nälkäinen, et saa mitään!" Heillä oli tapana pelätä, että jos he antaisivat hänen nähdä heillä mitään kaunista, hän antaisi sen pois niille, jotka tarvitsivat sitä enemmän.

Damayanti Ammalla oli tapana pitää lehmiä ja hän oli tunnettu niiden tuottaman maidon korkeasta laadusta. Hän oli hyvin rehellinen ja eettinen nainen, toisin kuin muut, jotka möivät vedellä jatkettua maitoa ansaitakseen enemmän. Itse asiassa Damayanti Amma oli niin rehellinen, että ennen kuin hänen maitonsa vietiin myytäväksi, hän pesi kannun ja valutti siitä viimeisetkin vesipisarat ennen kuin laittoi maidon siihen. Koska hänen maineensa oli hänelle kaikki kaikessa, halusi hän olla varma, ettei maidossa olisi lainkaan vettä. Ihmiset

Elämä on sadhanamme

kauppapaikalla tiesivät, että jos maito tuli Damayanti Amman talosta, olisi se silloin todella puhdasta.

Joka päivä joku lapsista lähetettiin viemään maitoa kauppaan myytäväksi. Niinä päivinä jolloin oli Amman vuoro, otti hän maidon ja meni suoraan taloon, jossa ihmisillä ei ollut siihen varaa. Hän keitti osan maidosta ja tarjosi sitä heille. Sitten hän korvasi puuttuvan maidon samalla määrällä vettä. Amma meni toisiin taloihin ja teki samoin. Hänen saapuessaan kauppaan ja antaessaan maidon kaupanpitäjälle oli se erittäin vetistä. Muutaman päivän ajan kaupanpitäjä pysyi hiljaa ajatelleen, että ehkä lehmä oli sairas. Lopulta hänen oli mentävä talolle tapaamaan Damayanti Ammaa. Hänestä tuntui hyvin pahalta kertoa siitä, koska tämä oli niin tunnettu rehellisyydestään ja hän tunsi olonsa epämukavaksi syyttäessään tätä veden lisäämisestä maitoon. Damayanti Amma kutsui Amman ja huusi tälle: "Mitä sinä teit maidolle?" Amma vastasi rauhallisesti: "Tuolla oli ihmisiä ilman maitoa, joten annoin sen heille."

Nuoresta iästä lähtien Amma tiesi, että henkisyyttä ilmaistaan käytännön toimien kautta. Jos joku tarvitsi jotakin ja hän kykeni heitä auttamaan, hän auttoi. Amma ei pelännyt rangaistusta. Hän saattoi saada hieman mielenrauhaa vain, jos teki kaikkensa auttaakseen niitä jotka kärsivät.

Aikoinaan eli eräs suuri joogi joka keskittyi täydellisesti joka ikiseen suorittamaansa toimeen, olipa se sitten kuinka vähäpätöinen. Hän puhdisti kupari pannun yhtä huolellisesti kuin palvoi Jumalaa temppelissä. Tämä suuri joogi oli aina paras esimerkki kerran kertomastaan salaisuudesta kuinka toimet tuli suorittaa oikein. Hän sanoi: "Meidän tulisi suorittaa työmme sellaisella rakkaudella ja huolella kuin se olisi itse lopputulos."

Amma sanoo, etteivät henkiset harjoitukset ole vain fyysisiä harjoituksia vaan kaikessa näkyvää kurinalaisuutta, jonka tulisi lopulta virittää mielemme ja älymme Korkeimpaan. Kaikki tulee pyytämättä niille, jotka suorittavat sadhanansa oikealla asenteella ja aikomuksella.

Tänä aikakautena keskittymisen ylläpitäminen on hyvin vaikeaa. Mielemme hajaantuu niin moniin asioihin, mutta on velvollisuutemme yrittää hallita sitä. Menestyäkseen kaikilla elämän aloilla on oltava kurinalainen kaikessa. Henkiset harjoitukset eivät ole muuta kuin hajaantuneen mielen yhteen kokoamista. Mieli ei voi sulautua Jumalaan pienimmänkin halun ollessa olemassa. Aito meditaatio on katkeamaton ajatusten virta kohti Jumalaa, mutta kuinka moni meistä kykenee pysymään koko ajan Jumalaan keskittyneenä? Kunnes olemme saavuttaneet päämäärän, me vain harjoittelemme ja valmistaudumme todelliseen meditaation tilaan.

Amma suosittaa tasapainon ylläpitämistä henkisissä harjoituksissamme. Esimerkiksi eräänä vuonna Pohjois-Intian kiertueella, sanoi hän satsangin (pyhän seuran) yhdessä meditaation kanssa olevan välttämätöntä jopa Himalajalla istuville joogeille. Muutoin hekin saattaisivat joutua harhaan. Satsangissa puhumme pyhistä aiheista ja toistamme mantroja yhdessä. Tämä puhdistaa mielemme ja myös ilmapiirin. Ilman satsangia olemme kuin tien vierellä olevat puut, jotka keräävät huomaamattaan saastetta jatkuvasta liikenteen virrasta.

Jotkut sanovat ettei meidän tulisi suorittaa tekoja, koska teot luovat uusia *vasanoita*. Silti jopa meditoidessamme mieli on yhä aktiivinen. Tämä on vain toiminnan toinen taso. Joten toimiemme tulisi olla hyödyksi maailmalla. Amma on sanonut: "Jos teet henkisiä harjoituksia tekemättä epäitsekkäitä tekoja, on se kuin talon rakentaminen ilman ovia, tai talo johon ei johda polkua."

Elämä on sadhanamme

Ashramin alkuaikoina eräs brahmachari aloitti kuvalaboratorion, jossa hän kehitti valokuvia. Mutta oli yksi ongelma. Valitettavasti hänellä oli silmäsairaus eikä hän kyennyt näkemään kovin hyvin. Pyysin Ammalta lupaa auttaa kuvien valmistuksessa, sillä näin kuinka suuri työ se oli hänelle. Olin auttanut häntä vain viikon kun Amma yhtäkkiä pyysi minua ottamaan vastuulleni hänen työnsä. Olin täydellisen yllättynyt. Kerroin Ammalle etten ollut kiinnostunut olemaan vastuussa valokuvaosastosta ja haluavani vain auttaa. Amma vastasi: "Kuka voi auttaa ketä?"

Vietin pitkän aikaa yrittäen ymmärtää mitä Äiti oli näillä muutamilla sanoillaan tarkoittanut. Se oli kuin *Vedantinen* lausunto ja tunsin voivani viettää vuosia elämästäni yrittäen sisäistää sen koko merkityksen. Kuultuani Amman sanat ei minulla ollut muuta mahdollisuutta kuin ottaa valokuvien teko itselleni. Meillä oli vanha rikkinäinen, käytetty suurennus kone ja huoneen lämpöiset valokuvien teko kemikaalit. En tiennyt mitään siitä kuinka työ tehtiin, mutta olin valmis toimenpiteiden oppimiseen. Vasta myöhemmin oivalsin, ettei lähes kukaan koskaan käytä näin alkeellisia menetelmiä värikuvien tulostamiseen ja kehittämiseen. Mutta Amman armolla kuvista tuli yleensä parempia, kuin mitä useimmat ammattistudiot olisivat voineet kehittää.

Tehtyäni kymmenen päivää kiireisenä valokuvia ei minulla ollut aikaa meditaatiolle. Tämä tuntui minusta pahalta ja mainitsin siitä Ammalle. Hän vastasi: "Tämä työ on meditaatiotasi. Et tiedä kuinka onnekas olet. Ihmiset kaikkialla ympäri maailmaa itkevät Amman muodon perään ja sinulla on se tässä edessäsi kaiken aikaa. Tämä *on* sinun meditaatiosi."

Amma kertoo meille aina kuinka tärkeää on, että elämässämme on päämäärä. Tätä painotetaan usein erityisesti

Pyhä Matka

henkisessä elämässä, mutta ellei meillä ole henkilökohtaista kokemusta, emme ehkä oivalla kuinka elintärkeää se on.

Vain omakohtaisen kokemuksen kautta voimme todella ymmärtää. Minulla oli tämä tilanne *sannyas*-vihkimykseni kanssa. Kun minulle ehdotettiin nunnanlupauksien ottamista, olin täysin järkyttynyt. En ollut koskaan ajatellut sitä itselleni, mutta kun mietin asiaa oivalsin, ettei elämäni ollut menossa mihinkään muuhun kuin henkiseen suuntaan. Tullessani ensikertaa Amman luo, olin halunnut lapsia ja halunnut matkustaa, mutta tavattuani Amman kaikki nämä halut olivat yksinkertaisesti pudonneet pois. Siltikään en nähnyt itseäni lopullisiin *sannyas*-valoihin sopivaksi. Mutta sitten joku ehdotti: "No, yritä saada itsesi sopimaan."

Ajatus yllätti minut, mutta oli täysin järkeenkäypä, joten siitä hetkestä eteenpäin seuraavien kuuden kuukauden ajan minulla oli aina tämä päämäärä mielessäni. Yrittää saada itseni sopimaan.

Mieleni taustalla toistuivat jatkuvasti sanat: "Yritä saada itsesi sopimaan." Se oli kuin sotatanner. Yksi ajatus oli: "Kuinka sinä voisit koskaan teeskennellä maailmalle olevasi tähän sopiva?" jonkin toisen sanoessa: "Elämäsi ei ole mitään muuta varten." Nämä ajatukset saivat minut näkemään hyvin paljon vaivaa tehdäkseni kaiken oikein.

Aloin ymmärtämään miksi päämäärän omaaminen oli niin tärkeää. Saatuani tämän päämäärään, kaikki muu mikä vei minua pois siitä, jäi vain pois. Minulla oli jotain tärkeää elämässäni jota varten halusin yrittää valmistella itseäni ja halusin olla siihen sopiva.

Kuuden kuukauden kuluttua minulle kerrottiin, että Amma tarjoaa minulle sannyas-vihkimyksen ottamista. Seremoniaa edeltävänä yönä Amma kutsui minut huoneeseensa ja kysyi minulta vain yhden asian: "Onko sydämesi avoin tälle?" Pohdittuani ja valmisteltuani itseäni niin pitkän aikaa kykenin vastaamaan hänelle rehellisesti: "Kyllä". Kysyin Ammalta mitä voisin tehdä muuttaakseni itseäni ja Amma vastasi: "Lue Amman kirjoja." Tämä on hyvä ohje meille kaikille sillä se on jotain minkä voimme tehdä helposti.

Kaikkien henkisten harjoitusten tarkoituksena on auttaa meitä keskittymään, jotta voisimme ylläpitää mielen puhtautta ja sulautua sitten lopulta Jumalaan. Vaikka meidän tulee tehdä henkisiä harjoituksia ylläpitääksemme kurinalaisuutta ja tietoisuutemme terävyyttä, olen huomannut itselleni parhaan polun olevan epäitsekäs palvelutyö. Useimmat meistä ovat mieleltään *rajasisia* emmekä kykene keskittymään meditaatioon pitkään, mutta saatamme kuitenkin huomata kykenevämme työskentelemään ahkerasti tuntikausia. Äiti antaa meille niin monia mahdollisuuksia mielen puhtauden saavuttamiseksi epäitsekkäällä palvelulla, sillä se on jotakin jota jokainen meistä voi tehdä missä tahansa päin maailmaa olemmekaan.

Oi mieleni,
Mikset ole ystäväni?
Yhdessä voisimme olla niin onnelliset.
Miksi himoitset sukeltaa syvällä mayan pimeisiin vesiin
Haluamatta edes nousta pintaan
Puhdasta ilmaa hengittämään?

Tiedät että Jumalassa pitäytyminen saa
meidät molemmat onnellisemmaksi
Kuin mikään koskaan tuntemamme.
Mitä voin tehdä vakuuttaakseni sinut?
Kuinka voin saada sinut jakamaan autuuden aina kanssani?
Miksi kaipaat tarpoa tämän maailman suossa
Kun voisit lentää puhtailla kirkkailla taivailla?

Oi mieleni
Antaisin sinulle mitä vain haluaisit
Jos jättäisit minut vain hetkisen pidemmäksi
Sinilootussilmäisen Rakastettuni kanssa
Joka niin usein kutsuu minua huilullaan
Viettämään hieman pidemmän aikaa kanssaan

Oi mieleni
Meillä molemmilla on mahdollisuus elää rauhassa.
Mikset tule sinne kanssani?

Luku 9

Epäitsekäs palvelu

"Pyri työskentelemään epäitsekkäästi ja rakkaudella. Laita itsesi likoon mitä tahansa teetkin. Silloin tunnet ja koet kauneuden kaikissa töissäsi. Rakkaus ja kauneus ovat sisälläsi. Pyri ilmaisemaan niitä toimiesi kautta ja tulet varmasti koskettamaan itse autuuden lähdettä."

Amma

Tullessani ensimmäistä kertaa Amman luo halusin oppia elämään henkistä elämää. Olin nähnyt kaiken maailmasta löytyvän ilon väliaikaisuuden ja tunsin, että vain henkinen elämä toisi todellista onnea.

Noina alkuaikoina me muutamat, jotka asuimme Amman kanssa, emme olleet aivan yhtä kurinalaisia kuin nyt. Meillä oli vain vähän ymmärrystä siitä mitä henkisen elämän eläminen tarkoitti ja halusimme vain olla lähellä Ammaa, olla aina hänen jalkojensa juuressa. Muutamien ensimmäisten ashramin perustamisen jälkeisten vuosien jälkeen alkoi Amma painottaa meille sanaa "palvelu". Katsoimme toisiimme hämmästyneinä, koska emme ymmärtäneet vielä kuinka tärkeäksi palvelu elämässämme muodostuisi. Noihin aikoihin Amman pääasiallinen tapa ilmaista rakkautta oli hänen darshaninsa. Kenelläkään meistä ei ollut aavistustakaan, että hänestä tulisi yksi kaikkein suurimmista koskaan eläneistä ihmiskunnan palvelijoista.

Ajan kuluessa Amma painotti epäitsekästä palvelua enemmän ja enemmän. Halumme palvella maailmaa kasvoi hiljalleen ja puhkesi kukkaan pienestä siemenestä, jonka Amma oli istuttanut sydämiimme ja ravinnut hellästi rakkaudellaan ja huolenpidollaan. Maailman palvelemisesta on nyt tullut suurin halumme. Kaikkien niiden sydämissä, jotka tulivat alussa Amman luo, on sisimmäksi rukoukseksi tullut: "Amma anna meille voimaa ja puhtautta olla kykeneviä palvelemaan maailmaa."

Yksi muistettavimmista hetkistäni Amman kanssa on kun matkustimme kerran autolla pitkän darshan ohjelman päätyttyä. Oli aikainen aamu ja olimme kaikki hyvin väsyneitä. Mutta Amma ei ole koskaan liian väsynyt vielä yhteen darshaniin. Hän kutsui erään nuoren pojan autoon matkustamaan kanssaan. Tämä istuutui Amman viereen ja sanoi: "Amma, ole kiltti ja lupaa minulle, että otat joskus lomaa."

Amma nauroi ja painoi pojan pään olkapäälleen ja sanoi sitten: "Poikani, tämä on Amman lomaa. Tulemme tähän maallmaan ilman mitään ja lähdemme jälleen ilman mitään. Keho sairastuu vaikka lepäisimme koko ajan ja romahtaa kun sen aika koittaa, vaikka tekisimme mitä. Yrittäkäämme edes tehdä jotain hyviä asioita maailmalle elämämme aikana, yrittäkäämme näyttää kiitollisuutemme."

Tunsin olevan hyvin siunattu kuullessani nuo sanat. Oli kuin olisin kuunnellut sivusta Krishnan opettavan Arjunaa taistelukentällä. Amma oli jumalainen Guru jakamassa viisauden sanoja opetuslapselle, rakastava äiti neuvomassa rakasta lastaan ja myös läheinen ystävä antamassa muutaman hyvän neuvon. Näiden muutamien lauseiden ajattelu oli kuin kaikkien suurten

Epäitsekäs palvelu

henkisten opetusten pohdintaa pähkinän kuoressa. Amma on todellakin yksi suurimmista koskaan maan päällä kävelleistä Mahatmoista, mutta joka piilottaa suuruutensa yksinkertaiseen valkoiseen sariin.

Amma muistuttaa meitä, että jonain päivänä tämä keho kuluu loppuun ja me kaikki kuolemme aikanamme. Eikö ole parempi kuluttaa keho loppuun tehden hyvää sen sijaan, että vain ruostuisi pois? Jopa istuessamme hiljaa ja yrittäessämme meditoida tulee ajatuksia silti jatkuvasti mieleemme. Siksi meidän tulisi yrittää käyttää kehojamme ja mieliämme niin, että voimme hyödyttää toisia.

Suurimmalle osalle meistä mielen keskittymisen saavuttaminen muiden sadhanan muotojen kautta on vaikeaa. Siten epäitsekkäästä palvelusta tulee ensisijainen sadhanamme. Emme ehkä ole tarpeeksi keskittyneitä uhrataksemme meditaatiossa kaikki ajatuksemme Luojalle, joten työstämme tulee palveluksemme ja pyhä uhrauksemme. Amma antaa meille keinot puhtauden ja mielen keskittyneisyyden saavuttamiseksi epäitsekkään palvelutyön kautta, ja pyrkii jatkuvasti innostamaan meitä elämään elämäämme tämän periaatteen mukaan.

Kaikki mitä otamme elämässämme aikaansaa karmisen velan. Meidän tulisi yrittää löytää iloa maksamalle tämä velkamme takaisin rakkaudella ja kiitollisuudella. Meidän ei tulisi istua eristyksissä vaan työskennellä lujasti niillä lahjoilla mitä meillä sitten onkaan. Meillä on suuri määrä piilotettuja kykyjä sisällämme, jotka tulisi tuoda esiin ja käyttää palveluun. Elämä on meille annettu arvokas lahja, ei vain omien aistinautintojemme tyydyttämiseksi, vaan suorittaaksemme maailmassa hyviä tekoja. Meidän ei tulisi antaa lahjojemme ja lahjakkuuksiemme valua hukkaan.

Eräänä vuonna Pohjois-Intian kiertueella vierailimme Mananthavadissa, jota Amma aina kutsuu *Anandavadiksi*, tarkoittaen "autuuuden tyyssijaa." Amman auton kivutessa ylös mäkeä odottivat paikalliset *Adivasit (aboriginaalit)* antaakseen perinteisen tervetulotoivotuksensa. He tanssivat auton edessä iloisina. Vanhat naiset olivat pukeutuneet valkoisiin vaatteisiin. Heidän vaatetuksensa oli vanha ja kulunut, mutta lepatti kauniisti heidän ympärillään heidän tanssiessaan onnellisina Ammalle. Hän oli tullut kolmen päivän vierailulle pyyhkiäkseen heidän kyyneleensä ja poistaakseen heidän taakkaansa, ja monet olivat ne taakat joita he kantoivat.

Elämä on rankkaa näille Keralan tee ja kahvi kukkula-asemilla asuville Adivasi-heimoille. Suurimmalla osalla ei ole työtä. Usein sadot mätänevät kukkuloille, koska ei ole ketään ostamassa sitä mitä he ovat kylväneet. Halvemmat hinnat toisilla alueilla ovat vieneet kaiken kaupankäynnin. Kun muualta voi ostaa halvemmalla, kuka ajattelisi toimeentulon antamista näille köyhille ihmisille vain koska he sitä tarvitsevat? Hyvin harva, valitettavasti. Köyhillä viljelijöillä ei ole ketään ostamassa satoa ja ilman kaupankäyntiä he eivät voi palkata ketään tekemään heille työtä.

Hivuttautuessamme Amman autossa ylös kukkulaa, heiluttivat tanssijat kättään ilmassa yksinkertaisena tanssiliikkeenä. Eräs lyhyt vanha mies, noin kahdeksankymmentävuotias, halusi myös tanssia Ammalle. Hän piteli tiukasti sateenvarjoa toisella kädellään ja hyppeli ylös ja alas suuri roosa turbaani päässään vaikkakaan ei ehkä aivan yhtä arvokkaasti kuin naiset. Turbaani oli omiaan lisäämäään koomista vaikutelmaa sen heiluessa ylösalas hänen mukanaan. Yksi järjestäjistä yritti toistuvasti työntää häntä pois tieltä, mutta aina hänen onnistui hypätä takaisin auton eteen.

Epäitsekäs palvelu

Amma sanoi, että näillä ihmisillä on pienen lapsen viattomuus. Viaton asenne vetää Mestarista armon. Nämä köyhät kyläläiset aistivat siunauksen, jonka he saivat jumalaiselta olennolta, joten heidän sydämensä, mielensä ja kehonsa tanssivat ilosta, kylpien Jumalaisen Äitinsä rakkauden suloisuudessa. Amma sanoi monien ihmisten täällä antavan darshanin aikana yhden kovalla työllä ansaitun vaatimattoman rupian hänen käteensä. Amman esimerkin innoittamina he haluavat antaa edes jotakin, vaikka heillä ei ole juuri mitään. Heidän yhden rupian kolikkonsa muuttui epäilemättä kullaksi, koska se oli kaikki mitä heillä oli, arvokkaampi kuin miljoonat sellaiselta jolla on hyvin paljon.

Amman seuraajat vierailevat aina mielellään tässä paikassa, jossa ilma ja ympäristö ovat niin puhtaat ja kaikkien kasvoilla olevaa yksinkertaista suloisuutta on ilo katsella. Amman ohjelman ajaksi maaseutu muuttuu hänen tilapäisashramikseen. Ihmiset ovat joka puolella kiireisiä huolehtiessaan muiden tarpeista. Mantrat täyttävät ilman joko Sanskritinkielisistä rukouksista tai Jumalan nimeä ylistävistä haltioituneista bhajaneista. Värähtelyt puhdistavat koko maaseudun, ehkäpä koko Intian ja mahdollisesti jopa koko maailman.

Ohjelman ensimmäisenä päivänä katsoin ulos huoneeni ikkunasta ja näin, että ulkona oli kaunis päivä ja kaunis maailma. Näin paikallisten Amman seuraajien jonon ilmoittautumassa vapaaehtoistyöhön kahvilaan. Hymyillen he annostelivat yksinkertaista ravitsevaa ruokaa nälkäisille, ruokituiksi tullakseen jonottaville ihmisille. Palvelevat seuraajat olivat iloisia palvellessaan toisia seuraajia. Onko suurempaa siunausta kuin ruokkia Jumalan palvojia? Ruokaa vastaanottavat ihmiset olivat onnellisia tietäessään niiden muutaman ruoasta antamansa

Pyhä Matka

pikkukolikon menevän Amman hyväntekeväisyys hankkeiden kautta kärsivien palvelemiseen.

Minkä uskomattoman palveluringin Amma onkaan luonut! Se on totisesti tilanne, jossa kaikki osapuolet päätyvät voiton puolelle. Ne jotka työskentelevät lujasti palvellakseen saavat palkintonsa niin tulevana hyvänä karmana kuin myös välittömänä kiitoksena. He jotka antavat rahaa ostaessaan saavat iloa vastaanottamistaan tavaroista ja lisäksi tiedon, että varat menevät hyvään tarkoitukseen. He luovat hyvää karmaa välittäessään varoja palvelutyöhön. Ja Amman hyväntekeväisyyspalveluilta apua saavat köyhät ovat ansainneet aiemmilla teoillaan ansion tulla autetuiksi. Tämä palvelurinki tuo iloa kaikille.

Emme koskaan tiedä kuinka epäitsekäs palvelu tulee meihin vaikuttamaan. Epäilemättä vain parempaan suuntaan. Ja joissain tapauksissa se saattaa jopa pelastaa henkemme. On olemassa tarina kahdesta miehestä, jotka matkustivat yhdessä hyisevän kylmänä päivänä. Lunta satoi raskaasti ja molemmat miehet olivat lähellä jäätymistä. Silloin he näkivät jonkun makaavan lumessa melkein kuolleena. Toinen miehistä ehdotti, että he pelastavat paleltuneen miehen, mutta hänen kumppaninsa jatkoi matkaansa sanoen olevan parempi jos he pelastaisivat itsensä.

Jättäen ystävänsä neuvon huomiotta mies nosti kuolevan ylös ja kamppaili eteenpäin, kantaen paleltunutta selässään. Hetken kuluttua, raadettuaan tämän raskaan taakan kanssa hän saapui kumppaninsa luokse. Tämä oli paleltunut kuoliaaksi. Myötätuntoinen mies oli pysynyt lämpimänä ponnisteltuaan kantaessaan tuota tuntematonta miestä harteillaan, joka oli puolestaan saanut tältä lämpöä ja alkanut virkoamaan. Miehen ystävällisen ja epäitsekkään teon vuoksi molempien elämä säästyi.

Epäitsekäs palvelu

Seva voi antaa elämällemme uuden tarkoituksen. Kahdeksankymmentäkuusivuotias Chennaissa asuva nainen oli tullut epätoivoiseksi kokiessaan, ettei hänellä ollut mitään syytä nousta aamulla ylös, ei edes syytä elää. Hän oli halunnut auttaa joissain paikallisissa palveluorganisaatioissa, mutta he olisivat hyväksyneet vain rahalahjoituksia. Sitten hän kuuli, että hän voisi ommella pieniä laukkuja ja kasseja ja lahjoittaa ne Ammalle, ja nämä tuotteet voitaisiin myydä rahan keräämiseksi Amman hyväntekeväisyyshankkeisiin. Tämä nainen oli murtanut lantionsa yllättäen, mutta yhä kahdeksankymmentäkuusivuotiaana hän käytti vanhaa poljettavaa ompelukonetta. Hän odotti innokkaasti tilaisuutta saada osallistua fyysisesti toisten auttamiseen, vaikka se olisi hänen ikäiselleen raskasta työtä. Ompelutyö palautti tarkoituksen tunteen ja merkityksen hänen elämäänsä. Hän odotti jokaista aamua iloisesti, sillä se olisi taas uusi mahdollisuus palvella muita. Kerran hän lähetti muutamia tuotteita annettavaksi Ammalle darshanin aikana. Amma sanoi tuntevansa sen rakkauden, joka siirtyi laukkuihin naisen tehdessä niitä. Amma vietti paljon aikaa katsellen niitä iloisesti ja lähetti prasadia tuolle naiselle, sillä tämä ei kyennyt matkustamaan tapaamaan Ammaa.

Epäitsekästä palvelutyötä tekemään valmiit ihmiset ovat kultaakin arvokkaampia. Eräs ashramin asukas kertoi minulle kerran suuresta palveluorganisaatiosta, jolla oli vain 100 elinikäistä jäsentä auttamassa kaikessa palvelutyössä. Joku oli antanut heille suuren shekin, mutta organisaatio oli vastannut sanoen: "Emme tarvitse rahaa, antakaa meille vain epäitsekkäitä työntekijöitä. Tämä olisi meille niin paljon arvokkaampaa." Raha tulee ja menee, sitä on usein helppo saada, mutta epäitsekkäitä työntekijöitä on hyvin vaikeaa löytää.

Pyhä Matka

"Rikkautemme on siinä mitä voimme tehdä toisille", sanoi Sir Edmund Hilary, joka on hyvin tunnettu suuresta saavutuksestaan. Hän on yksi ensimmäisistä Mount Everestille kiivenneistä ja Pohjois- ja Etelä-navalla käyneistä ihmisistä. Useimmille ihmisille ei heidän elämässään voisi olla olemassa suurempaa saavutettavaa päämäärää kuin maailman korkeimmalle vuorelle kiipeäminen tai maapallon äärilaitojen saavuttaminen. Mutta kun häneltä kysyttiin suurimmaksi kokemaansa saavutusta, Sir Edmund Hillary ei edes maininnut näitä asioita. Hän sanoi suurimman saavutuksensa olevan Sherpojen, Nepalin alkuperäisasukkaiden auttaminen. Hän sanoi: "Kun katson elämääni taaksepäin, epäilemättä kaikkein merkityksellisin tekemistäni asioista ei ole ollut vuoren huipulla tai Pohjois- ja Etelä-navoilla seisominen, vaikka ne suuria seikkailuja olivatkin. Tärkein hankkeeni on ollut koulujen ja sairaaloiden rakentaminen ja ylläpitäminen Himalajan köyhille ihmisille.

Meillä ei ehkä ole voimaa tai energiaa kiivetä maailman korkeimman vuoren korkeuksiin, mutta meillä on kyllä kyky saavuttaa henkiset korkeudet. Tämä on meidän kaikkien saavutettavissa. Valtava voima lepää sisällämme, me vain harvoin kosketamme tätä Jumalallisen energian lähdettä.

Amma havainnollistaa jatkuvasti kykyä saavuttaa mittaamattomat energiavarat ja myötätunto. Annettuaan darshanin 20.000 ihmiselle ohjelmassaan Sivakasissa, Tamil Nadussa, Amma vieraili Anbu Illamissa, ashramin ylläpitämässä vanhainkodissa. Kello oli 4.30 aamulla ja kaikki asukkaat olivat innoissaan saadessaan hänet vieraakseen. Kylvetettyinä ja parhaat vaatteet yllään he olivat kaikki pystyssä ja valmiita tapaamaan Amman.

Amma vieraili heidän kaikkien huoneissa. Hän huomasi ensimmäisessä huoneessa, että osa vuodevaatteista oli likaisia

ja ikkunat kaipasivat pesua. Toisissa huoneissa oli hämähäkin seittejä ja yhdessä jopa pieni mehiläispesä, joka oli alkanut muodostua yhteen loisteputkista. Amma alkoi pyyhkiä pölyjä ja puhdistaa, työskennellen joka ikisen talon huoneen läpi. Hän ei antanut kenenkään henkilökunnasta auttaa, vaatien saada putsata kaiken itse. Hän moitti lääkäriä ja vastuussa olevaa miestä sanoen, että oli suuri *punyam* saada palvella vanhoja ihmisiä, jotka eivät kyenneet tekemään kaikkea itse. Hän sanoi, että heidän tulisi nähdä erityistä vaivaa tarjotakseen puhtaan ympäristön näille elämänsä myöhäisissä vuosissa oleville ihmisille. Amma vietti siellä yön ja suostui armeliaasti täyttämään heidän toiveensa ja liittyi ryhmäkuvaan heidän kanssaan.

Oli Amman 45. syntymäpäivä, kun hän täytti minun toiveeni. Olin aina toivonut tilaisuutta jakaa ihmisille ruokaa. Amma kutsuu itseään joskus "palvelijoiden palvelijaksi". Saada palvella "palvelijoiden palvelijan palvelijoita" vaikutti minusta hyvältä asialta, yhdeltä suurimmista siunauksista, jonka voisin vastaanottaa. Koska olen aina ollut ujo, en ollut koskaan löytänyt tilaisuutta tehdä tätä seuraajien palvelutyötä, vaikka olinkin ajatellut sitä usein. Tämä oli yksinkertaisesti toive jota olin vaalinut sydämessäni pitkään. Olin suunnitellut etukäteen ja tehnyt päätöksen, että Amman syntymäpäivänä menisin tarjoamaan ruokaa. Tuhansien ihmisten joukosta kukaan ei varmastikaan huomaisi minua. Keräten rohkeutta menin ja kysyin ruokaa jakavilta tytöiltä voisinko tarjoilla jotain. He suostuivat vain vastahakoisesti koska halusivat itse tehdä työn. Päätellen, että *pappadam*-leipien jakaminen olisi helpointa, aloitin siitä. Tyttö, jonka työn olin ottanut, sanoi myös odottaneensa tilaisuutta saada palvella Amman seuraajia.

Oliko tämä tarttuva tauti? Vaikutti siltä, että kaikki halusivat saada tilaisuuden palvella tavalla tai toisella. Useat ihmiset

Epäitsekäs palvelu

sekä vapaaehtoistyöntekijämerkin kanssa että ilman työskentelivät todella ahkerasti pitkää päivää, mutta silti he näyttivät niin onnellisilta. On olemassa hyvin tunnettu sanonta: "Suurempaa on antaa kuin ottaa," ja näytti siltä, että sinä päivänä ihmiset todella kokivat niin. Amma on sanonut, että uhratessaan kukan Jumalalle antaumuksella ja ilman taka-ajatuksia, saa kukan tuoksusta ja kauneudesta nauttia ensin itse. Samalla tavoin suorittaessamme epäitsekkään teon koemme sen tuoman ilon ensiksi itse.

Ihmiset ovat usein arkoja menemään Amman darshaniin, jos he ovat työskennelleet pitkään eikä heillä ole aikaa vaihtaa vaatteitaan. Amma sanoo kuitenkin epäitsekkäästä työstä koituneen hien olevan hänelle kuin tuoksuvaa hajuvettä.

Olemme usein nähneet Amman näyttävän esimerkkiä, liittyen auttamaan meneillä olevassa työssä, kantaen tiiliä ja kiviä päänsä päällä tai auttaen siirtämään maata ja hiekkaa yhdestä paikasta toiseen. Voimme oppia hyvin paljon seuraamalla Amman esimerkkiä. Hän työskentelee niin keskittyneesti ja iloisesti. Alkuaikoina temppelin ollessa rakenteilla, kello soi, ei oppitunnin alkamisen merkiksi, vaan sementti sevaan. Amma sanoi, että meidän tulisi tehdä kaikki työ itse rakentaessamme ashramia, sillä siten tuntisimme tyydytystä, iloa ja täyttymystä autettuamme rakentamisessa. Tuntisimme jopa osan itsestämme siirtyvän rakennukseen. Temppelin perustus rakennettiin yhtälailla rakkaudella kuin sementilläkin. Meillä oli sementtiä käsissämme, vaateissamme ja hiuksissamme siirrettyämme sementtiä jonossa toisillemme. Joskus sitä oli hiuksissa jopa viikkoja muistuttamassa meitä tuosta työstä. On suuri siunaus voida työskennellä ahkerasti hyvän asian puolesta.

Amman ei tarvitse nähdä meidän työskentelevän saadaksemme hänen armonsa. On automaattinen kosminen laki,

Pyhä Matka

että jos työskentelet epäitsekkäästi palvellaksesi Gurua missä tai milloin tahansa, jopa näkymättömissä, Gurun armo virtaa sinuun. Äiti sanoo, että hänen siunaustensa on virrattava niille jotka tekevät epäitsekästä työtä ja näkevät vaivaa, riippumatta siitä millaisia ihmisiä he ovat.

Vuosia on kulunut ja on ollut hienoa nähdä ihmisten muuttuvan. Tavattuaan Amman ensimmäistä kertaa monet seuraajat ovat vain halunneet istua Amman lähellä ja tuijottaa häntä. Jonkun ajan kuluttua, he ovat huomanneet epäitsekkään palvelun autuuden ja olleet valmiita viettämään enemmän aikaa poissa Amman luota epäitsekästä työtä tehden. He ovat onnellisia tehdessään pienempiä töitä, joita kukaan muu ei halua tehdä kuin myös tärkeämmältä vaikuttavia töitä Amma lähellä. Mikä tahansa työ meille annetaankaan, meidän täytyy yrittää käyttää se hyödyksi tullaksemme nöyriksi, kehittääksemme *shraddhaa* ja tarjotaksemme palvelusta maailmalle. Jos sinulla on sydämessäsi rakkautta Ammaan ja tarjoat työsi hänelle, tulet varmasti vastaanottaman hänen armonsa.

Amritapurin ashram on kasvanut täysin rakkaudesta Ammaan. Hän on antanut meille monille vastuullisia tehtäviä, jotka usein ylittävät kykymme, mutta hänen armonsa kautta olemme muovautuneet ja kouliutuneet kunnes olemme voineet tehdä työn perusteellisesti. Esimerkiksi AIMS sairaalan rakentamisen soiselle maalle koordinoi leipurin poika, jolla ei ollut mitään aiempaa kokemusta tämänkaltaisesta työstä. Amma kuitenkin ohjasi häntä ja työn tulos oli loistava.

Ashramin kirjapainon alkuaikoina Amma määräsi sen johtoon brahmacharin, jolla ei ollut mitään kokemusta kirjapainon johtamisesta. Nyt paino on toiminnassa ja julkaisee menestyksekkäästi kirjoja, jotka jaetaan eri kielillä ympäri Intiaa ja maailmaa.

Epäitsekäs palvelu

Amma muistuttaa meitä että meidän tulisi työskennellä ahkerasti miettimättä työmme tulosta. Ainoa vaatimus on vilpittömyytemme. Kun meillä on oikea asenne ja halu työskennellä, tulee Amman armosta väline, joka mahdollistaa palvelumme.

Etsin tyhjiltä taivailta – mutten koskaan näe Sinua.
Käännyn ympäri pidätellen odotuksesta hengitystäni,
Mutta koskaan et ole takanani.
Kyyneleeni ovat jatkuva seuralaiseni,
Odotamme yhdessä toivoen jonain päivänä löytävämme Sinut.
Kysyn ruohonkorsilta oletko kävellyt ohitse
Mutta koskaan he eivät ole nähneet Sinua.
Oi mitä hyötyä on äänestäni
Jos et kuule koskaan itkuani?
Oi mitä hyötyä on silmistäni
Jos ne eivät koskaan saa nähdä Sinua?
Oi mitä hyötyä on käsistäni
Jos ne eivät koskaan saa koskettaa pyhiä jalkojasi?
Missä olet Rakkaani
Joka olet niin julmasti hylännyt minut?

Luku 10

Ponnistelu ja armo

*"Oma ponnistelu ja armo ovat erottamattomat.
Ilman toista on toinen mahdoton."*
Amma

Gurun armo on yksi elämän suurimmista lahjoista. Henkiset etsijät ponnistelevat kovasti sen saavuttaakseen, muttei se ole aina niin helposti saavutettavissa. Emme voi sanoa tarkalleen ottaen kuinka armo ilmaantuu, mutta Amma on antanut meille monia vihjeitä, kuinka tulla ansaitseviksi. Ensin meidän on nähtävä vaivaa ja vasta sitten armo tulee. Ei ole niin, että armo virtaisi vain tiettyinä aikoina eikä toisina. Amma vakuuttaa meille armonsa olevan aina läsnä, mutta sen tunteaksemme meidän on tehtävä oma osamme. Kova työmme toimii välttämättömänä tekijänä, joka sallii armon virtauksen.

Henkisellä tiellä olemme kaikki vain aloittelijoita. Vielä monien vuosien henkisten harjoitusten jälkeen huomaamme silti päämäärän olevan hyvin kaukana. On mahdotonta oivaltaa Korkein Itse omin avuin, mutta Gurun armolla voimme vapautua harhasta. Uskon, että jos pyrimme elämään hyvää elämää, niin silloin elämämme lopussa saavutamme päämäärämme Gurun armolla. Silti meidän tulee ponnistella valtavasti.

Pyhä Matka

Emme voi istua eristyksissä odottaen armon tulon viimeistä hetkeä, vaan meidän tulee työskennellä ollaksemme lopussa tämän armon virran arvoisia.

Tämän päämäärän saavuttaaksemme meidän on poltettava sisältämme kaikki negatiiviset taipumuksemme kuten viha, ahneus, himo, ylpeys jne. Kuinka vaikeaa onkaan päästä eroon edes yhdestä! Silti meidän tulisi ponnistella työskennelläksemme kovasti päästäksemme eroon vasanoistamme ja todella yrittää tulla puhtaiksi. Sitten juuri niin kuin Amma tarjoaa itsensä maailmalle, mekin kykenemme antamaan jotain arvokasta takaisin. Amma sanoo, ettemme kykene edistymään henkisesti ilman sinnikkyyttä. Vain kun rehellisesti työskentelemme kovasti päästäksemme päämäärään, virtaa armo meille. Joskus olemme valmiita ponnistelemaan hieman kovemmin, ja huomaamme saavamme vain vähän armoa. Mutta jotta armo täyttäisi meidän elämämme, tulee meidän jatkaa hellittämättä.

Nykyään on niin paljon uusia teknisiä laitteita ja välineitä suorittamassa testejä sairauksien tunnistamiseksi. Jotta testit toimisivat tehokkaasti, on potilaan tehtävä jotain niihin valmistautuakseen, kuten juotava suuria määriä vettä tai paastottava. Samoin Guru voi tehdä hyväksemme paljon, mutta meidän on silti tehtävä myös oma osamme.

Olimme kerran lentokentällä ja halusimme viedä Amman yläkerran oleskelutilaan. Amma ja hänen avustajansa menivät yhteen hisseistä, mutta avustaja unohti painaa toisen kerroksen nappia. He seisoivat hississä pitkän aikaa menemättä ylös tai alas, ennen kuin huomasivat mitä oli tapahtunut. Tämä oli hyvä esimerkki siitä, kuinka emme voi kohota henkisessä elämässä ilman että ponnistelemme sinnikkäästi ja teemme oman osuutemme.

Jatkuvat yrityksemme, vaikkakin pienet, kantavat jonain päivänä hedelmää. Otetaan esimerkiksi pieni kasvi, joka kasvaa pienestä halkeamasta jalkakäytävällä. Vaikka sementti näyttää paljon vahvemmalta kuin taimi, niin jonain päivänä tämä sementtilaatta murtuu tämän pienen kasvin säännöllisen kasvun voimasta. Samoin egommekin sementti murtuu jonain päivänä. Meidän tulee vain työskennellä lujasti kärsivällisyydellä ja kurinalaisuudella.

Beethovenista on olemassa tätä seikkaa havainnollistava tarina. Eräänä iltana hänen loisteliaan piano konserttinsa jälkeen monet ihmiset kerääntyivät hänen ympärilleen onnitellakseen häntä. Heidän joukossaan oli nuori nainen joka sanoi: "Herra Beethoven, jospa vain Jumala olisi antanut minulle saman nerouden lahjan kuin teillä on, olisin niin onnellinen." Beethoven vastasi: "Neiti, ei se ole neroutta tai taikaa. Teidän tulee vain harjoitella kovasti pianollanne kahdeksan tuntia päivässä neljänkymmenen vuoden ajan, niin olette yhtä hyvä kuin minä."

On olemassa toinen esimerkki Thomas Edisonin elämästä. Hän yritti luoda hehkulampun lankaa yli 2000 erilaisella kokeella, ennenkuin viimein löysi oikean. Nuoren toimittajan kysyessä häneltä miltä tuntui epäonnistua niin monta kertaa, Edison vastasi: "En epäonnistunut kertaakaan. Hehkulampun luomiseen vain vaadittiin 2000 askelta."

Ihmisillä kuten Edison ja Beethoven oli oikeanlainen ymmärrys kovan työn arvosta. Siksi he kykenivät saavuttamaan maailmassa niin paljon. Meillä tulee olla elämässämme samanlainen asenne, vain silloin olemme kykeneviä menestymään.

Amma itse tarjoaa meille aina täydellisen esimerkin. Vaikka kaikki Amman toimet näyttävät helpoilta ja kauniilta, hän itse asiassa näkee suunnattomasti vaivaa kaikessa mitä hän tekee. Hän laulaa bhajaneita kymmenillä eri kielellä. Vaikka

Pyhä Matka

Ammasta on joskus vaikeaa ääntää sanoja oikein, pyrkii hän silti oppimaan ne, koska hän tietää kuinka sydäntä avaavaa hänen lapsilleen on kuulla hänen laulavan bhajaneita heidän omalla kielellään.

Amma näkee hyvin paljon vaivaa satojen valvontansa alla olevien oppilaitosten ym. pyörittämiseen, antaen henkilökohtaisia ohjeita niistä jokaiselle. Amma valvoo joka yö opiskellen sääntöjä ja määräyksiä kaikilta johtamisen aloilta. Hän haluaa ylläpitää menneiden pyhimysten perinnettä jotka, luopumisen kautta kykenivät antamaan maailmalle hyvin paljon. Amma sanoo, että jopa Mahatman hengitys voi pitää maailman tasapainossa. Äiti ei väitä olevansa jumalallinen, mutta työskentelee ahkerasti sinnikkyydellä ja määrätietoisuudella, asettaen siten esimerkin meille kaikille. Hän sanoo, että jos meillä on keho, tulee meidän ponnistella ahkerasti saadaksemme siitä parhaan hyödyn.

Amma tapaa säännöllisesti erikoissairaalansa AIMS:n johtoa neuvoakseen heitä kuinka johtaa sitä oikein. Hän ratkoo ongelmia ja antaa uusia ideoita sairaalan eri osastojen päivittäisen organisaation ylläpitämiseen.

Hän kertoo koulujensa rehtoreille, kuinka suunnitella opetusohjelma ja huolehtii kaikista ongelmista, joita hänen eri kouluissaan esiintyy. Hän neuvoo taloja köyhille rakentavia työntekijöitä, antaen rakennusvihjeitä esimerkiksi siitä kuinka käyttää tiettyjä uusia rakennustekniikoita ja kuinka tehdä tiilistä vahvempia. Hän selittää puusepille muutamia pieniä niksejä, joita he eivät ole koskaan tulleet ajatelleeksi, vaikka nämä ihmiset ovat ammattilaisia.

Matkustaessamme Amman kanssa Intiassa voimme nähdä kuinka Amma ylittää itsensä antaakseen huomiota seuraajille, jotka ovat kiertueella hänen kanssaan. Äiti on ehkä antanut

Ponnistelu ja armo

darshania viisitoista tuntia yhteen menoon ja ei ehkä ole nukkunut lainkaan, mutta kun kulkuneuvot saavuttavat teetaukopaikan vaatii hän tulla ulos autosta ollakseen kanssaan matkustavien ihmisten seurassa. Ammalle on luonteenomaista antaa aina paljon enemmän kuin edellytetään. Hänen ponnistelunsa ovat vaivattomia, sillä kaikki hänen toimensa virtaavat luonnollisesti rakkaudesta. Kaiken hänen tekemänsä tarkoituksena on opettaa meille jotain tai tehdä meidät onnellisiksi.

Ensimmäisellä Pondicherryn vierailullamme Amma oli menettänyt äänensä, mutta yritti silti pitää normaalin satsanginsa. Joku muu olisi pyytänyt jotakuta toista pitämään puheensa, mutta Amma yritti sinnikkääsi puhua itse. Normaalin huumorintajunsa tapaan hän taputti mikrofonia ja sanoi raakkuvalla äänellä: "Antakaa vähän enemmän ääntä". Hänen näkemänsä vaiva oli liikuttavaa. Onneksi ääni oli lämmennyt bhajaneihin mennessä ja Amma kykeni laulamaan. Jumalan varmaankin kuunteli Amman laskiessa leikkiä äänimiehen kanssa!

Eräs ashramissa asunut nainen antoi esimerkin Amman opetuksesta itsemme yli odotusten laajentamisen välttämättömyydestä. Tällä naisella oli kaksi pientä lasta, mutta oli siitä huolimatta aina valmis auttamaan. Sinä vuonna, Amman Intian kiertueen saapuessa Chennaihin, meillä oli paljon matkalaukkuja, jotka piti lähettää Amerikkaan. Tämä nainen sattui olemaan juuri lähdössä sinne joten kysyimme, voisiko hän viedä jotakin mukanaan. Hän ajatteli asiaa hetken ja vastasi sitten: "Yksi, kaksi, kolme, neljä...kyllä, voin itse asiassa viedä neljä laukkua puolestanne!" Voitte kuvitella kuinka iloinen olin tämän kuullessani!

Istuttuaan koneessa paikalleen tuli yksi lentoemännistä hänen luokseen ja sanoi: "Olen pahoillani rouva, mutta meillä on pieni ongelma ja meidän on pyydettävä teitä ja lapsianne siirtymään ensimmäiseen luokkaan." Joten siinä hän oli, pukeutuneena ashramin työasuunsa, onnellisesti matkalla koneen etuosaan. Hän tunsi itsensä hieman noloksi vaatetuksensa ollessa niin huonossa kunnossa, mutta joka tapauksessa hän nautti ensimmäisen luokan palveluista.

Seuraavana vuonna hän vieraili ashramissa miehensä kanssa ja sanoi tälle: "Katsohan rakkaani, meidän todella tulisi tänäkin vuonna ottaa muutamia matkalaukkuja heidän puolestaan." Mies oli hieman epäröivä, mutta lopulta hän suostui. Tällä kertaa, heidän istuuduttuaan koneessa paikoilleen lentoemäntä tuli heidän luokseen ja sanoi: "Olen pahoillani, mutta meillä on pieni ongelma ja meidän on siirrettävä teidät businessluokkaan." Nainen kääntyi miehensä puoleen ja sanoi: "Näethän nyt? Koska epäröit auttaa, tällä kertaa pääsemme vain businessluokkaan!" Joten älä koskaan epäröi ojentaa auttavaa kättä, sillä antaessasi itsestäsi hieman enemmän saatatkin huomata, että sinut ylennetään tavallisesta Jumalaiseen.

Jotkut valittavat toisten saavan Jumalan armon osakseen, mutta he itse jäävät vaille. Amma sanoo kuitenkin, että Gurun armo on kuin aurinko, joka paistaa aina kaikille. Jos emme näe valoa, johtuu se luultavasti siitä, että olemme pitäneet ikkunaluukkumme suljettuina ja siksi meidän tulisi tietoisesti yrittää avata ne. Silloin valo loistaa luonnollisesti sisään, koska se on aina ollut läsnä. Jos pidämme verhomme suljettuina, ei ole järkeä syyttää aurinkoa siitä ettei se anna valoa. Samoin emme voi syyttää Gurua siitä ettei hän ulota meihin armoa, meidän on vain tehtävä tarpeellinen päätös sydämemme porttien avaamiseksi.

Amma sanoo armon olevan jokaisen suorittamamme toimen takana, vaikka me tuskin sitä tiedostammekaan ja useimmiten pidämme päivittäisiä toimiamme itsestään selvyytenä.

Ponnistelu ja armo

On sanottu, että kehossa on yli kolme triljoonaa solua ja ne kaikki toimivat vain armon avulla. Saatamme luulla erheellisesti olevamme tekijä, mutta ilman Jumalan armoa emme voi liikuttaa lihastakaan. Eräs ashramin asukkaista oli venäyttänyt jalkansa ja sen vuoksi täysin toimintakyvytön. Hän tuli tapaamaan minua ja kertoi miten tämä vamma oli saanut hänet näkemään kuinka suuri Jumalan voima todella on. Hän muisti kuinka Amma jatkuvasti muistuttaa meitä, ettei mitään voida saavuttaa ilman armoa. Vasta käytyämme läpi vaikeita aikoja ja koettuamme armoa parantumisen kautta voimme todelle ymmärtää tämän.

Jotkut sanovat kohtalon kontrolloivan kaikkea. He uskovat kaiken elämässä tapahtuvan olevan ennalta määrättyä ja ettei siten ei ole mitään mitä he voisivat tehdä elämäntilanteensa parantamiseksi. Amma sanoo tämän olevan väärin, ja että näin ajattelevat ihmiset yleensä ajanmittaan jättävät henkisen tien. Aikojen ollessa vaikeat sen sijaan, että he lisäisivät henkisiä ponnistelujaan, he todennäköisesti vain antavat periksi ja syyttävä kohtaloa.

Sen sijaan, että olisimme toivottomia kohtalostamme johtuen, meidän tulisi aina ylläpitää positiivista asennetta ja jatkaa sinnikkäästi hyviä tekoja tehden. Niin kuin Amma huomauttaa, jos olemme nälkäisiä, emme sano: "Antaa kohtalon laittaa ruokaa suuhumme." Otamme aina ruokaa, laitamme sen suuhumme, ja syömme sen. Samalla tavoin meidän ei tulisi kuvitella armon puutteen olevan kohtalon seurausta ja syyttää sitä. Meidän tulisi yksinkertaisesti käyttää omaa tahdonvoimamme ja tehdä kaikkemme virittääksemme itsemme jumalalliseen. Vaivannäkömme luo kohtalomme. Siten meidän tulisi aina pyrkiä vahvaan ja positiiviseen yritykseen kaikessa mitä teemmekin.

Amma antaa meille voimaa kohdata vaikeat tilanteet. Meidän vilpitön pyrkimyksemme yhdistettynä Gurun armoon voi ylittää vaikka kuinka vaikeat olosuhteet.

Pitkäaikainen Eurooppalainen seuraaja kertoi minulle kerran liikuttavan tarinan Amman vierailusta Eurooppaan aiemmin sinä vuonna. Hänen vaimonsa oli nähnyt Ammalla oranssin sarin aiemmassa Devi bhavassa ja oli mykistynyt sen kauneudesta. Münchenissä hän näki sarin olevan myynnissä ja kertoi miehelleen, että tämän oli ostettava se hänelle. Mies oli tyrmistynyt ajatuksesta kuinka paljon se tulisi hänelle maksamaan! Mutta meni ja osti sen kuitenkin vaimolleen. Häneltä kysyttiin: "Haluatteko myös puseron?" Mies ei tiennyt, joten hän palasi vaimonsa luokse. Tietysti tämä halusi myös puseron. Kun Ammalle mainittiin naisen haluavan ostaa sarin, Amma sanoi hänen saavan sen vain yhdellä ehdolla, että hän laittaisi sen ylleen. Nainen oli yllättynyt ajatuksesta, mutta suostui kuitenkin. Hän laittoi puseron ja sarin ylleen ja valmistautui darshaniin miehensä kanssa. Heidän lähestyessään Ammaa teki tilanteesta suuren numeron ja kertoi tälle kuinka kauniilta tämä näytti. Sitten Amma sanoi: "Aion vihkiä teidät!" Mies järkyttyi ja sanoi olevansa jo naimisissa vaimonsa kanssa. Silti Amma vaati saada suorittaa heille vihkiseremonian uudelleen.

Kuusi kuukautta myöhemmin miehen vaimo kuoli yllättäen sydänkohtaukseen. Hänen pidellessä tätä sylissään ja tuntiessaan ettei pulssia enää ollut hän sanoi: "Mene! Älä jää luokseni!" Hän kehoitti vaimonsa sielua olemaan vapaa ja matkaamaan korkeuksiin. Tietäen kehon luonteen olevan aina muuttuva ja sielun olevan ikuinen hän tiesi, että vaimon oli aika mennä eikä hän halunnut pidellä sielua maan piirissä. Hänen kertoessaan tarinaa minulle olin vaikuttunut siitä kuinka hän kykeni päästämään irti ja tekemään oikein ja päästämällä vaimonsa jatkamaan matkaa.

Hän sanoi Amman rakkauden täyttävän nyt sen aukon, jonka oli aiemmin täyttänyt hänen vaimonsa läsnäolo. Oli todella Amman armoa, että hän muisti henkiset opetukset kaiken pysymättömyydestä juuri oikealla hetkellä. Mies oli vakuuttunut siitä, että Amma oli suorittaessaan avioliittoseremonian ja pyytäessään vaimoa pitämään yllään oranssia saria antanut tälle sannyasavihkimyksen ennen hänen kuolemaa. Amma kertoi myöhemmin miehelle, ettei hänen vaimonsa tarvitse syntyä uudelleen, sillä tämä oli sulautunut *Paramatmaniin*. Oli hyvin liikuttavaa kuulla hänen kertovan kaikki tämä ja nähdä se antautuminen, joka oli antanut hänelle rauhan, vaikka hänen vaimonsa oli kuollut.

Jotkut syyttävät Jumalaa julmuudesta kun hirveitä asioita tapahtuu maailmassa. Meidän tulisi muistaa, ettei kärsimys tule Jumalan julmuudesta vaan aiemmista teoistamme johtuen. Kaikki tapahtuu karman lain mukaan. Amma sanoo elämän koostuvan vain kahdenlaisista tapahtumista, teon suorittamisesta ja sen seurauksien kokemisesta. Jos suoritimme vääriä tekoja menneisyydessämme, voimme istua synkästi odottamassa mitä noista teoista seuraa. Tai voimme pyrkiä suorittamaan nyt hyviä tekoja, jotta tulevaisuutemme olisi valoisampi.

Amma sanoo uudelleen ja uudelleen "*kripa rakshikatte*" eli "pelastakoon armo meidät". Vain armo voi meidät pelastaa. Amma tietää armon olevan kaiken taustalla. Ihmiset kaikkialta maailmasta ovat kokeneet Amman armon. Sairaudet ovat parantuneet. Monet ovat säästyneet onnettomuudelta ja jopa kuolemalta. Gurun armo on niin voimallinen, että lopulta se aikaansaa meissä perimmäisen ihmeen. Mahdottomasta tulee mahdollinen vain Gurun armon kautta. Tämä armo on ainoa turvamme, ja se on ainoa suoja minkä tarvitsemme.

Lumoavasta muodostasi johtuen,
Sydämeni kuuluu aina sinulle.
Mitä minä joka olen kahden maailman repimä tekisin?

Etkö voi hajottaa näitä viheliäisiä kahleita
Jotka pitävät minut poissa luotasi?
En halaja vapautusta tai kuolemattomuutta
Ne voit antaa muille.

Kaipaan vain kadota tullakseni osaksi Sinua,
Juopua muotosi aina edessäni näkemisen autuudesta.
Koskaan eivät silmäni väsy nauttimaan kauneudestasi,
Alati uudessa loistossaan ja rakkaudessaan loistaessasi.

Ota tämä unelma ja muuta se todeksi,
Sillä mitä muuta varten synnyin?
Tämän tiedät olevan totuuden.

Luku 11

Epäitsekkyys ja nöyryys

"Meidän tulee kohota korkealle henkisyyden suunnattomalle taivaalle, ja sen tehdäksemme tarvitsemme epäitsekkyyden ja rakkauden siivet. Tilaisuutta rakastaa ja palvella muita tulisi pitää harvinaisena lahjana, Jumalan siunauksena."

Amma

Buddhalaisessa perinteessä on tarina, joka havainnollistaa kauniisti epäitsekkyyden voimaa. Oli kerran kuningas, jolla oli kolme poikaa. Nuorin heistä oli erityisen rakastava ja myötätuntoinen pikku poika. Eräänä päivänä kuningas meni perheineen retkelle ja pian heidän saavuttuaan perille juoksivat prinssit metsikköön leikkimään. Mentyään syvälle metsään olivat he innoissaan törmätessään juuri synnyttäneeseen naarastiikeriin. Se näytti siltä kuin olisi nälkään nääntyneenä lähellä syödä vastasyntyneet poikasensa.

Nuori poika kysyi veljiltään: "Mitä tämä tiikeri tarvitsisi syödäkseen, jotta se elpyisi?"

"Tuoretta lihaa tai verta, mutta mistä sitä voisi löytää?" he vastasivat. Poika kysyi: "Onko ketään, joka voisi antaa omaa lihaansa ja vertansa ruokkiakseen sitä ja säästääkseen sen ja pentujen elämän?" Hänen veljensä kohauttivat olkapäitään eivätkä vastanneet.

Syvästi liikuttuneena tiikerin ja pentujen näkemisestä alkoi nuori poika ajatella: "Niin pitkään olen kulkenut hyödyttömänä läpi syntymän ja kuoleman kierron, elämä toisensa jälkeen. Ja haluistani, vihastani ja välinpitämättömyydestäni johtuen olen tehnyt hyvin vähän auttaakseni muita. Tässä on viimein suurenmoinen tilaisuus."

Hän pyysi veljiään menemään edeltä sanoen ottavansa heidät kiinni myöhemmin. Hän ryömi hiljaa takaisin tiikerin luo ja asettui makaamaan sen eteen, tarjoten itsensä syötäväksi. Tiikeri oli niin heikko, ettei kyennyt avaamaan edes suutaan, joten poika etsi terävän kepin ja leikkasi syvän haavan omaan kehoonsa. Veri virtasi ulos ja tiikeri nuoli sitä. Näin se tuli tarpeeksi vahvaksi avatakseen leukansa ja syödäkseen hänet. Tämän poikkeuksellisen uhrauksensa kautta pojan onnistui säästää tiikerin ja hänen pentujensa elämä.

Tarinan mukaan, jota monet buddhalaiset pitävät totena, poika syntyi uudelleen ja kehittyi myötätuntoisen tekonsa kautta kohti valaistumista ja syntyi viimein Buddhaksi.

Tarina ei pääty tähän. Pojan epäitsekäs teko sai aikaan muutakin kuin vain kiihdytti hänen omaa henkistä kehitystään. Se puhdisti myös tiikerin ja pennut heidän karmastaan ja poisti jopa karmanvelan, jonka he olisivat saattaneet jäädä velkaa hänelle elämänsä pelastamisesta. Hänen myötätuntoinen uhrauksensa oli tarpeeksi voimakas luodakseen hyödyllisen karmisen siteen heidän välilleen ja kantoi pitkälle tulevaisuuteen.

Tiikeri ja pennut syntyivät viimein Buddhan viideksi ensimmäiseksi seuraajaksi, jotka saivat ottaa vastaan hänen opetuksensa heti valaistumisen jälkeen.

Epäitsekkyys ja nöyryys

Sellainen on epäitsekkään teon voima. Amma yrittää aina opettaa meille kuinka elää epäitsekkäästi. Aivan niin kuin kynttilä sulaa olemattomiin antaakseen valoa toisille ja suitsuke palaa tuhkaksi tarjotakseen tuoksunsa kaikille, haluaa Amma meidän uhraavan elämämme täydellisesti maailman palvelemiseen.

Tietystikään hän ei suosittele, että kiipeäisimme aidan yli tiikerin häkkiin eläintarhassa! Sellainen uhraus ei ole meille tarpeen. Päivittäinen elämä antaa monia tilaisuuksia uhrata egomme toisten palvelemisessa.

Epäitsekkäämmäksi tuleminen ei vaadi niin paljon ponnistelua kuin olettaisi. Meidän tulee vain laittaa toiset itsemme edelle ja pyrkiä aina olemaan auttavaisia missä ikinä pystymmekin. Jos vain harjoittelemme näitä perusasioita, olemme hyvällä tiellä epäitsekkyyteen. Henkinen elämä ei tarkoita sitä, että olisi lausuttava täydellisiä sanskritinkielisiä mantroja tai kyettävä istumaan lootusasennossa liikkumatta tuntikausia. Onnistuneen henkisen elämän koko perusta on todella vain yksinkertaisemmaksi, ystävällisemmäksi ja auttavaisemmaksi tulemisessa. Kaikki hyvät ominaisuuden seuraavat automaattisesti, jos yritämme tulla hyviksi ihmisiksi ja jalostaa näitä perusominaisuuksia jokapäiväisessä elämässämme.

Tarvitset epäitsekkyyttä kehittyäksesi henkisessä elämässäsi, olitpa sitten perheellinen tai elit ashramissa. Ne jotka ovat naimisissa, ovat hyvin onnekkaita, sillä heillä on monia tilaisuuksia kehittää epäitsekkyyttä luonnollisesti perhe-elämässään. Heidän tulee oppia ajattelemaan toisia ennen itseään halutessaan löytää onnea kotielämässään. Jos äidillä on lapsia, täytyy hänen silloin aina ajatella lapsiansa ensin. Vaikka äiti olisi sairas, on hänen luovuttava omasta ruoastaan tai levostaan pitääkseen lapsesta huolta. Perheelliset saavat automaattisesti erityistä koulutusta epäitsekkyyden kehittämiseen. Heidän tulisi vain tuoda oppimansa asiat henkiseen elämäänsä.

Eräällä Amman brahmacharilla oli koskettava kokemus, joka paljastaa epäitsekkään äidin ominaisuudet. Hänen matkustaessaan junassa osastoon saapui nainen yhdeksän lapsensa kanssa ja istuutui alas. He olivat selvästi hyvin köyhiä ja nainen näytti nälkäiseltä. Koska tuolla brahmacharilla oli mukanaan ylimääräistä ruokaa, antoi hän naiselle osan siitä. Tämä jakoi kaiken lapsilleen eikä pitänyt mitään itsellään. Silti hän näytti onnelliselta, koska kaikki hänen lapsensa olivat saaneet vähän ruokaa. Sitten hän huomasi pienen vauvan naisen sylissä katsovan äitiään suurella rakkaudella. Vauva piteli kädessään ruoan palasta ja yhtäkkiä se kurotti pienen kätensä ylös ja laittoi ruoan äitinsä suuhun. Brahmachari tunsi näkevänsä Jumalan käden ruokkivan äitiä tämän oman vauvan kautta. Kehittäessämme tämänkaltaista epäitsekästä rakkautta tulee Jumala aina huolehtimaan meistä.

Monet saapuvat Amman luo ensin saadakseen häneltä rakkautta ja he saavat monia halauksia ja suukkoja. Lopulta useimmat seuraajat oivaltavat, että hänen rakkauttaan ja armoaan virtaa meille enemmän kun päätämme tulla antajiksi ottajien sijaan. Todellinen onni on epäitsekkyyden tulosta. On kosminen laki, että mitä enemmän annamme toisille, sitä enemmän saamme. Löydämme todellista mielenrauhaa ajatellessamme toisia ennen itseämme. Näin tehdessämme virtaa niin paljon enemmän iloa luoksemme.

Kaikki haluavat olla elämässään onnellisia. Lopettaessamme tyydytyksen ja nautinnon etsimisen itsellemme ja ajatellessamme sen sijaan: "Mitä voin tehdä toisille?" todellinen onni alkaa sarastaa. Vain kun emme pyydä mitään vastineeksi palveluksistamme saamme todellista iloa. Vaikka ymmärrämme henkiset

Epäitsekkyys ja nöyryys

periaatteet niin kauan kuin keskitymme vain itseemme, on onnea vaikeaa löytää. Joten meidän tulisi kouluttaa itseämme kokeaksemme onnea tuomalla iloa muille.

Muutama vuosi siten Seattlessa järjestettiin erityiset olympialaiset. Osallistujat olivat kaikki lapsia, jotka olivat joko fyysisesti tai henkisesti vammaisia. Yhdessä tapahtumista yhdeksän lasta osallistui 100 metrin kilpailuun. Kilpailun alkaessa kaikki yhdeksän ryhtyivät juoksemaan kohti maalilinjaa. Noin puolessa välissä matkaa yksi pojista kompastui ja kaatui. Hän alkoi itkeä. Toiset kahdeksan juoksijaa kuuli hänen itkunsa ja hidastivat. Yksi kerrallaan he pysähtyivät, kääntyivät ympäri ja palasivat auttamaan häntä. Eräs tyttö, jolla oli Downin syndrooma, kumartui ja antoi hänelle suukon sanoen: "tämä helpottaa vähän". Sitten he kaikki liittivät kätensä yhteen ja kävelivät yhdessä maalilinjalle. Stadionilla kaikki nousivat seisaalleen ja hurraus jatkui kymmenen minuuttia.

Sen sijaan, että yrittäisimme löytää rakkautta, tulisi meidän yrittää antaa rakkautta. Tulemme aina olemaan onnettomia, jos katsomme toisiin odottaen rakkautta. Mutta salliessamme itsemme olla niin rakastavia kaikkien kanssa kuin kykenemme, tunnemme itsemme välittömästi onnellisemmaksi. Sen sijaan, että katsoisimme mitä voimme ottaa maailmasta, jos alkaisimme ajatella: "Mitä voin antaa maailmalle?", niin meistä alkaisi tulla Amman kaltaisia. Sillä niin hän elää elämäänsä. Hän on täydellinen esimerkki epäitsekkyydestä. Rakkaus virtaa hänestä kuin joki, sillä hän on sen lähde, hän on rakkaus itse. Hän ei yritä ottaa rakkautta keneltäkään, sillä hän on aina täysi. Ja hänen aina antaessa rakkautta, emme voi kuin rakastaa häntä.

Katsoessamme Ammaa darshanin aikana voimme nähdä hänen kuplivan iloa. Antaessaan darshania hän sanoo usein: "Varmista että vanhukset tuodaan ensin. Katso että kaikille annetaan vettä juotavaksi. Salissa on vanha mies, joka tarvitsee apua noustakseen ylös." Hän huolehtii aina kaikista ihmisten tarpeista ja on tietoinen kaikesta mitä ohjelmasalissa tapahtuu. Amma on tietoinen kaikesta ympärillään tapahtuvasta. Vertailun vuoksi katso meitä. Kykenemme juuri ja juuri huomaaman sen mikä on edessämme. Ajattelemme useimmiten vain itseämme. Amma ajattelee aina kaikkia muita paitsi itseään.

Toinen erittäin huomioonottavainen henkilö on Intian presidentti A.P.J. Abdul Kalam. Amma sai vierailulle hänen luokseen *Rashtrapati Bhavaniin*, presidentin asuntoon New Delhissä ja meitä oli useita hänen kanssaan huoneessa. Vaikka hän puhui pääasiassa Ammalla, oli hänellä silti huomaavaisuutta katsoa myös kaikkia muita. Hänen tietoisuutensa oli kaikkien kanssa, ei vain Amman. Hän sai meidät kaikki tuntemaan olomme kunniavieraiksi.

Toisen kerran Amman mennessä vierailulle presidentti Kalamin luokse Amma nousi autosta ilman kenkiään ja jätin ne sinne ajatellen, ettei hän tulisi tarvitsemaan niitä. Presidentti tervehti Ammaa ja keskusteltuaan hetken hänen kanssaan, kutsui hänet kävelylle kauniiseen ympäröivään puutarhaan. Huolestuimme presidentin kanssa että hän kävelisi paljain jaloin, mutta Amma totesi kasvaneensa kylässä ja olevansa tottunut kävelemään paljain jaloin. Presidentti vastasi vuorostaan, ettei myöskään hän käyttäisi kenkiään todeten: "Amma minäkin kasvoin kylässä!" Katsoessani heitä kävelemässä paljain jaloin yhdessä puiden ja kukkien lomassa, sain muistutuksen yksinkertaisena pysymisen tärkeydestä riippumatta siitä kuinka suureksi tulee.

Meidän tulisi pyrkiä kehittämään tällaista nöyryyttä. Jos pyrimme siihen voimme oppia käytökseltämme kohteliaiksi ja ystävällisiksi ja tietoisemmiksi toisten ihmisten tarpeista.

Epäitsekkyys ja nöyryys

Meidän tulisi aina yrittää ottaa toisten tunteet huomioon ja huolellisesti huomioida kuinka toimemme vaikuttavat heihin. On usein sanottu Gurun nöyryyden olevan niin suuri, että meidän on vaikeaa erottaa Gurua oppilaasta. Amman tapauksessa näin todella on. Elokuussa 2000 osallistuimme maailman uskonnollisten ja henkisten johtajien Millenium rauhankokoukseen YK:ssa, New Yorkissa. Se oli aika pitkä tapahtuma, joka koostui kahdesta päivästä erikielisten puheiden kuuntelua. Amman puhe oli toisena päivänä ja olimme jälkeenpäin onnellisia siitä, että velvollisuutemme olivat ohi. Paastottuamme koko päivän odotimme paluuta meille varattuihin ylellisiin hotellihuoneisiin. No, siis ainkakin minä odotin sitä. Swamit olivat jo lähteneet pääauditoriosta ja vain minä istuin Amman kanssa yleisön joukossa kuunnellen jäljellä olevia puheita.

Tietäen kuinka hyväntahtoinen Amma on ja ajatellessani, ettei hän tekisi aloitetta lähteäkseen, kehitin meille pakosuunnitelman. Nousin seisomaan toivoen Amman olevan kiltti tottelevainen Guru ja seuraavan perässäni. Mutta noustessani seisomaan Amma jäi istumaan aikeenaan kuunnella puheita. Hän taputti, kun kaikki muut taputtivat ja näytti pitävän kaikkia näitä englannin ja muun kielisiä puheita erittäin mielenkiintoisina, vaikka emme edes ymmärtäneet puoliakaan niistä. Amma oli täysin minusta piittaamaton.

Yritin nousta toisen kerran seisomaan ja sanoin: "Tule nyt Amma, me voimme nyt mennä!". Jälleen hän kuitenkin jätti minut huomiotta. Ajattelin: "No jos *todella* kävelen pois, silloin Amman *täytyy* seurata minua." Joten nostin laukkuni ja siirryin käytävälle valmiina lähtemään. Amma pysyi lumoutuneena kuunnellen puhetta, joka muuten oli muistaakseni Koreaksi siinä vaiheessa! Hän jatkoi minusta piittaamattomuuttaan. Amma tiesi olevan kohteliasta kuunnella puhetta, vaikka

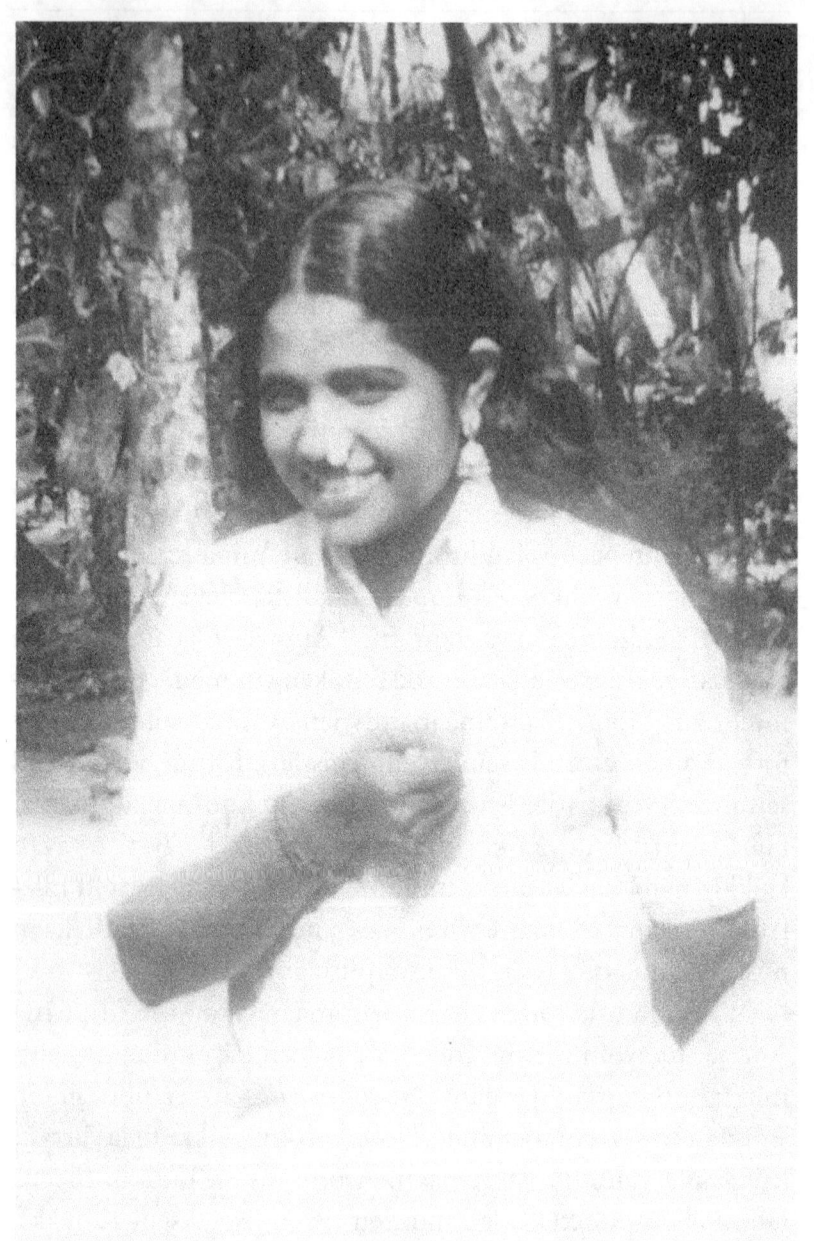

emme sitä ymmärtäneetkään. Antauduin näyttämään typerykseltä pompittuani ylös ja alas niin monta kertaa ja istuuduin laukkuni päälle odottamaan antaen Amman päättäää milloin lähtisimme. Lopulta yhden puheen loppuessa ja Amman nousi hienostuneesti ylös ja suuntasi kulkunsa ulos. Ja niin kuin sen tulikin olla, minä seurasin häntä!

Toinen paljastava tapaus sattui matkustaessamme Washington DC:n kautta. Amerikassa lentokenttä turvallisuudesta oli tullut erittäin tiukkaa ja joskus ihmisiä valittiin satunnaisesti lisäturvatarkastukseen. Tänä erityisenä päivänä Amma valittiin lisätarkastukseen ja minä seurasin häntä tulkatakseni. Turvallisuushenkilö oli vahvan näköinen ja töykeästi käyttäytyvä nainen. Amma oli istuutunut ja virkailija käski häntä nousemaan. Osaan puhua hieman malayalamia, mutten kovin sujuvasti, joten etsin mielessäni kuinka sanoa kohteliaasti "nouse ylös". Se mitä suustani kuitenkin tuli oli sana *"Erenekke"*, jonka olin usein kuullut sanottavan ja joka tarkoittaa kirjaimellisesti "nouse ylös!" Ja totta tosiaan Amma nousi tottelevaisesti ylös. Silloin tajusin: "Voi sentään, luulenpa olleeni juuri hyvin epäkohtelias Ammalle". Tuota sanontaa käytetään nimittäin yleensä vain puhuttaessa nuoremmille tai vähempiarvoisille, eikä sitä todellakaan tulisi sanoa Gurullensa. Mutta Amma ei ollut loukkaantunut, sillä hänellä ei ole egoa jota voisi loukata.

Turvallisuusvirkailija käski Ammaa seisomaan yhdellä jalalla molemmat kädet ilmassa baletti asennossa. Yritin miettiä kuinka sanoa "balettiasento" malayalamiksi ja ihmettelin tietäisikö Amma edes mitä baletti on. Joten tyydyin pyytämään häntä seisomaan jooga-asennossa. Suopeasti Amma totteli. Naisen tyyli pehmeni hänen heiluttaessa metallinpaljastintaan Amman suuntaan. "Hän on *niiiin* kaunis!" virkailija huudahti. Kaikkialla minne menemme huomaavat ihmiset, että tässä

Pyhä Matka

yksinkertaisessa valkoiseen pukeutuneessa naisessa on jotain aivan erityistä.

Amman mukana matkannut seurue katseli kaukaa ottaen vastaan opetusta nöyryydestä, jota hän heille antoi. Kuka tahansa hänen tilanteessaan olisi saattanut sanoa: "Ettekö tiedä kuka minä olen?", mutta Amma vain hymyili ystävällisesti ja kärsivällisesti sallien naisen saada tällä tavoin hänen darshaninsa. Jälleen kerran Amma havainnollisti henkilökohtaisen esimerkkinsä kautta jumalallisia ominaisuuksia, joita meidän kaikkien tulisi yrittää sisäistää.

Amma opastaa, että milloin vain tunnemmekin egomme nousevan ja esittävän tärkeää, meidän tulisi katsoa laajaa taivasta tai syvää sinistä merta ja nähdä kuinka merkityksettömiä tähän verrattuna olemme. Aito suuruus on mittaamatonta nöyryyttä. Sen sijaan, että yrittäisimme tuntea itsemme suuremmiksi, tulisi meidän tulla tietoisiksi siitä kuinka pieniä me tässä loputtomassa universumissa lopulta olemme. Amma sanoo, että kun tunnemme itsemme pienemmäksi kuin muurahainen, tulemme suuremmaksi kuin koko luomakunta. Meillä ihmisillä on taipumus uskoa oman lajimme olevan luomakunnan tikkaiden korkeimmalla askelmalla, mutta voimme oppia paljon Äiti Luonnolta. Puut voivat opettaa meille paljon epäitsekkyydestä. Kookospalmu esimerkiksi antaa meille itsestään kaiken. Kookoksen liha on ruokaa ja kookosmaito ravitsevaa juomaa. Intiassa kuoresta ja lehdistä tulee polttopuuta ja kuiduista tehdään köyttä. Kookoksen lehtiä punotaan matoiksi kattamaan taloja tai niistä tehdään luutia. Puuta käytetään talojen rakentamiseen ja aitojen tekemiseen. Puu antaa elämänvoimansa meille täysin, odottamatta mitään takaisin ja tekee niin jopa kaivaessamme puumerkkimme sen runkoon ja yrittäessämme kaataa sen. Tällainen epäitsekäs rakkaus asettaa oman elämämme häpeään.

Epäitsekkyys ja nöyryys

Maaäiti näkee hyvin paljon vaivaa tukeakseen meitä, valittamatta siitä lainkaan. Ajattele vain yhtä lautasellista riisiä pinaatin, linssien ja vihannesten kera. Kuinka monia ravintoaineita on vaadittu maaperältä riisin kasvattamiseksi ja kuinka paljon uurastusta ja ponnistelua vaati sen viljeleminen ja puiminen? Kuinka monta arvokasta sadepisaraa ja kultaista auringonsädettä tarvittiin kasvattamaan nämä vihannekset? Kuinka paljon energiaa vaati lehmältä syödä ruoho, joka oli kasvanut viikkoja ja sitten ihmeellisesti muuttaa se maidoksi, josta tulee meidän jogurttiamme? Universumi antaa niin paljon vain yhden ateriamme vuoksi, jonka me kulutamme muutamassa minuutissa! Pohdimmeko tätä koskaan?

Niin kuin Äiti Luonto, uhraa Amma itsensä opettaakseen meille kuinka elää oikeanlaista elämää ja kuinka palvella maailmaa epäitsekkäästi. Amman elämä on aina ollut ainoastaan antamista, ei koskaan ottamista, muutoin kuin niiden kivun ja kärsimyksen ottamista, jotka uhraavat ne hänelle.

Runoilija Hafiz kirjoitti,

"Aurinko ei koskaan sano maalle,
'Olet minulle velkaa.'
Katsokaa mitä tällainen rakkaus saa aikaan.
Se valaisee koko taivaan."

Amma antaa maailmalle ja meille hyvin paljon iloa. Jos annamme maailmalle, pitää se meistä huolta. Amman elämästä on helppoa löytää esimerkkejä tästä. Ollessaan nuori hän nukkui ulkona paljaalla maalla tai kastui läpimäräksi takavesien mudassa, joka ympäröi hänen perheensä taloa. Joskus kului kuukausia jolloin Amma eli vain muutamalle *tulasin* lehdellä. Äiti Luonto huolehti hänestä, vaikkei hän koskaan etsinyt ruokaa. Eläimet

Pyhä Matka

toivat hänelle ruokaa. Kotka pudotti kalan hänen syliinsä, koira toi hänelle ruokapaketteja suussaan ja lehmä tuli hänen luokseen, jotta hän voisi juoda maitoa suoraan sen utareesta.

Amma sanoi, että viettäessään tunteja Jumalaa itkien, tulivat papukaijat ja istuivat vuodattamaan kyyneleitä hänen kanssaan. Koko luonto yhtyi hänen pyrkimykseensä jumalallisesta ykseydestä. Sellainen on eläinten myötätunto, voimakas vastakohta Amman omalle perheelle, joka luuli häntä hulluksi. Jopa tänä päivänä löydämme satunnaisesti omituisia lahjoja Amman huoneeseen johtavilta portailta tai oven ulkopuolella olevalta ovimatolta. Amma sanoo eläinten jättävän hänelle näitä lahjoja.

Luonnon aina antaessa on ihmisen mielenlaatu valitettavasti aina ottaa, lisää pyytäen, muttei kovin paljon takaisin antaen. Olemme niin valtavassa karmisessa velassa luonnolle, maailmalle, kärsiville ihmisille kaikkialla. Ainoa keino maksaa se takaisin on yrittää parhaamme oppiaksemme Ammalta, joka tekee niin paljon kaikkia kohottaakseen.

Tarvitaan meidän vapautumistamme itsekkäistä egoistamme. Tämän päivän maailmassa, tarvitaan epäitsekkäitä työntekijöitä ihmiskunnan nostamiseksi kärsimyksistä. Pelkkä puhe hyvien tekojen suorittamisesta ei riitä. Meidän tulee seurata Amman esimerkkiä ja muuttaa sanamme teoiksi yhtälailla oman mielenrauhamme kuin maailmankin vuoksi.

Amman elämä on täydellinen esimerkki epäitsekkyydestä. Emme voi suoraan seurata hänen jalanjälkiään, mutta voimme ainakin yrittää imeä itseemme murto-osan siitä epäitsekkyydestä ja rakkaudesta joka hänestä vuotaa yli. Näin toimiessamme tulee meistäkin varmasti jonain päivänä siunaus maailmalle.

Ei voi sanoa, että Amman terveys olisi koskaan ollut kovin hyvä. Ihmiset anelevat usein häntä parantamaan itsensä. Amma vastaa, että hän on antanut itsensä uhriksi maailmalle. Kerran annettua lahjaa ei tulisi koskaan ottaa takaisin. Vaikka hän on parantanut monia muita, ei Amma koskaan osoita mitään kiinnostusta omaan hyvinvointiinsa. Hänen rukouksensa on aina ollut: "Salli minun vetää viimeinen henkäykseni lohduttaen jotakuta olkapäätäni vasten." Ja näin varmastikin tulee tapahtumaan.

Annan kaiken Sinulle
Mutta mieleni, kuin petturi,
Varastaa kaiken takaisin maailmalle.

Sydämeni itkee Sinua,
Mutta maailma vetää minut pois.
Miten viheliäinen syntymä tämä onkaan.

Ennen kuin löysin Sinut,
Tein paljon syntiä.
Nyt kaipaan pidellä lootus jalkojasi,
Mutta syntini vetävät minut pois.

Haluan hukkua Sinun armosi mereen,
Mutta hukun omiin kyyneliini.
Mayalla on niin vahva ote minusta,
Pyydä häntä päästämään irti!

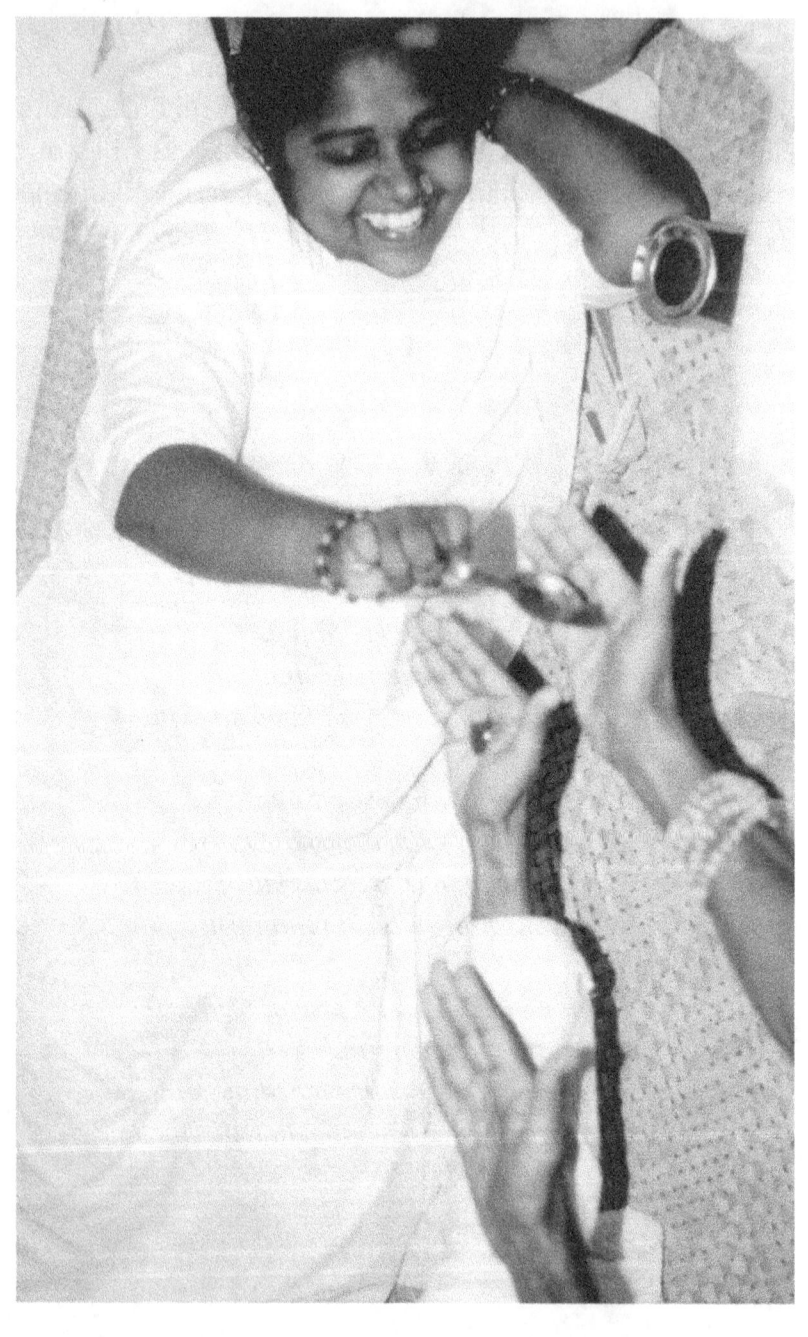

Luku 12

Luopuminen

*"Jokaisen hyvän teon takaa löydät jonkun,
joka on luopunut kaikesta ja omistanut sille elämänsä."*
                                                    Amma

Kysyin kerran Ammalta: "Mitä on todellinen vairagya (takertumattomuus)?" Amma vastasi: "Pitää kiinni nenästä pahan hajun tullessa." Järkytyin hänen vastauksestaan, aivan kuin olisin ajatellut vastakohtaa. Amma tuntui sanovan, ettei meidän tulisi hengittää pahaa hajua, ajatellen itseksemme koko ajan: "Olen niin suuri, siedän tätä kaameaa hajua." Itse asiassa hän sanoi, että meillä tulisi olla erottelukykyä pitää kiinni nenästämme välttääksemme hengittämästä sitä. Amma opetti minulle, että aito vairagya antaa meille ymmärrystä suorittaa oikeita tekoja, oikeassa paikassa, oikeaan aikaan. Mutta kuinka moni meistä omaa tällaisen takertumattomuuden? Useimmat matkustavat läpi elämänsä halujen ja kiintymystensä heitteleminä.

Rauha tulee ja menee, se ei koskaan jää luoksemme pysyvästi johtuen mieltymyksistämme ja vastenmielisyyksistämme. Kaiken kärsimyksemme syy on mielen halut. Siten meidän tulisi yrittää pysyä kiinnittymättöminä pitäen mielemme poissa niistä asioista, joihin se haluaa suunnata. Vain ylittäessämme täysin kaikki halumme, voimme olla todella onnellisia ja rauhallisia kaiken aikaa. Amma on onnistunut tässä ja täydellisen itsehallintansa kautta hän kykenee saavuttamaan poikkeuksellisia asioita ja suorittamaan palvelusta ihmiskunnalle.

Amma osoittaa meille todellisen onnenlähteen odottavan meitä, ei maailmassa, vaan meissä itsessämme. Kyetessämme harjoittamaan luopumista voimme elää maailmassa, jopa rakastaa maailmaa, muttemme erehdy luulemaan maailman kohteiden tuovan meille mielenrauhaa tai tyydytystä. Oivaltaessamme tämän totuuden, voimme suunnata matkamme sisäänpäin ja toivottavasti löytää mielenrauhan sieltä.

Äidin elämä on täydellinen esimerkki aidosta luopumisesta, tarjoten meille aina oppitunteja. Eräänä vuonna saapuessamme Bangaloren ashramiin saimme tietää, että Ammalle oli rakennettu kaunis uusi huone. Nousimme portaita huoneeseen, mutta nähdessään vihreän marmorin, jota oli käytetty portaisiin tuli Amma aika vihaiseksi ja istui alas rappusten puoliväliin. Hän ei edes katsonut huonetta. Nähtyään kuinka hienot portaat olivat, kuvitteli hän huoneen olevan vieläkin ylellisempi. Intiassa marmori on hyvin kallista. Amma ärtyi ajatuksesta, että niin paljon rahaa joka olisi voitu käyttää köyhien hyväksi, oli tuhlattu kauniin huoneen luomiseksi hänelle. Huoneen, jota hän käyttäisi kahtena päivänä vuodessa.

Amma on sanonut, että henkisinä ihmisinä meidän ei tulisi ajatella omaa mukavuuttamme. Sen sijaan meidän tulisi oppia virtaamaan kuin joki. Jonkin esteen, kuten puun juurten tukkiessa tien, virtaa joki lempeästi sen ympäriltä. Kuten joen kyky muuttaa virtaansa tulisi meidän oppia mukautumaan elämän haasteisiin ja esteisiin. Voimme kouluttaa itseämme epämukaviin tilanteisiin sopeutumalla olemaan onnellisia ja

Luopuminen

luottamaan siihen, että mitä tahansa Jumala meille tarjoaakin ja mitä todella tarvitsemme ja ansaitsemme tulee meille pyytämättämme. Matkustaessamme Amma neuvoo, ettei meidän tulisi pyytää ihmisiä poistumaan tieltä, eikä meidän liioin tulisi vaivata isäntäämme millään ylimääräisillä henkilökohtaisilla toiveilla. Meidän ei tulisi luoda toisille lisää ongelmia ja meidän tulisi olla tyytyväisiä siihen mitä saamme.

Amman kanssa maailmankiertueilla matkustaessamme valvomme usein öisin, koska jatkamme matkaa seuraavaan kaupunkiin tai maahan joka toinen päivä pitkän, koko yön kestäneen ohjelman jälkeen. Joskus meillä ei ole koko päivänä aikaa edes syödä tai juoda mitään. Ihmiset jotka tulevat tapaamaan on vaikea ymmärtää kuinka kestämme kaikki vaikeudet. Vain rakkaudesta Ammaan kykenemme ylläpitämään tätä ankaraa aikataulua. Rakkaus antaa meille voimaa saavuttaa mitä vain elämässämme.

Amritavarsham50 juhlaan saapui satojen tuhansien intialaisten lisäksi yli 3000 ihmistä eri maista ottamaan osaa neljän päivän aikana järjestettäviin konferensseihin ja kulttuuriohjelmiin sekä kunnioittamaan Ammaa tämän 50-vuotis syntymäpäivänä. Monille se oli ensimmäinen Intian vierailu ja joillekin olosuhteet olivat haastavat. Tätä ei olisi kuitenkaan koskaan arvannut ihmisten ilmeitä katsomalla. Kaikki säteilivät iloa. Monet meistä ehdimme hädin tuskin syödä tai nukkua, mutta silti se oli elämämme kohokohta. Rakkaudestaan Ammaan ihmiset kykenivät istumaan valtavassa kuumuudessa ja polttavassa auringossa tuntikausia ottaakseen osaa tähän erityiseen tapahtumaan. Miettiessämme kuinka juhlia omaa syntymäpäiväämme, ajattelemme lahjojen ja erityiskohtelun saamista. Ammalle tämä oli kuitenkin tilaisuus tuoda kaikki yhteen rukoilemaan rauhaa ja tasapainoa maailmaan.

131

Pyhä Matka

Jotkut rakastuvat Ammaan niin, että seuraavat häntä ympäri maailmaa jättäen kaiken seuratakseen "sydänten varastajaa". Monet länsimaiset ovat jopa tulleet pysyvästä asumaan hänen luokseen Intiaan. Vuosien kuluessa on Amma muuttanut seuraajiensa elämän täysin. Heillä on saattanut olla hyvin palkatut ammatit ja ylellinen elämäntapa, mutta se elämäntapa muuttui merkityksettömäksi verrattuna mielenrauhaan, joka löytyi yksinkertaisesta elämästä Mahatman jalkojen juuressa. Samoin monet seuraajat, jotka asuvat yhä poissa Amman luota, ovat valinneet aikansa ja lahjojensa antamisen epäitsekkäälle palvelulle ja ottavat osaa Amman hyväntekeväisyys toimintoihin eripuolilla maailmaa. Olen nähnyt omin silmin näiden ihmisten muuttuneen parempaan suuntaan heidän seuratessaan Amman opetuksia ja laittaessaan ne käytäntöön omassa elämässään.

Vuoden 2003 Etelä-Intian kiertueen aikana vierailimme Rameshwaramin kaupungissa. Suuri väkijoukko odotti vastaanottaakseen Amman darshanin. Siellä täytyi olla ainakin 20.000 ihmistä. Darshan jatkui läpi yön ja pitkälle seuraavaan päivään. Ohjelman vihdoin päätyttyä myöhään aamulla Amma odottamatta päätti matkustaa kohti seuraavan illan ohjelmapaikkaa henkilöautossa sen sijaan, että olisi käyttänyt toista yleensä käyttämäänsä kulkuneuvoa. Hän ei ollut syönyt tai nukkunut sitten edellisen päivän, mikä on meille aina hankala kokemus, muttei mitään uutta Ammalle. Ajaessamme Amma mainitsi olevansa hieman nälkäinen, joten etsimme jotakin syötävää. Hänelle valmistettu ruoka oli kuitenkin toisessa ajoneuvossa eikä Amma halunnut meidän pysähtyvän hakemaan sitä.

Jonkun ajan kuluttua pysähdyimme rautatieristeykseen ja nuori poika ilmestyi mukanaan oudon näköinen juurivihannes. Amma oli utelias tietämään mikä se oli, joten kuljettaja löysi taskustaan kaksi rupiaa ja osti kaksi palaa. Se oli puoliksi keitetty, hyvin herkullinen vaikkakin hieman kitkerä, mutta maistettuaan Amma päätti, että tästä tulisi hänelle sen päivän ateria. Hän tarjosi meille vähän prasadia ja pureskeli loput.

Valvottuaan koko yön Amma ei silti kaivannut vuodetta laskeakseen levolle, vaan oli tyytyväinen istuessaan autossa. Oltuaan syömättä yli kaksikymmentäneljä tuntia hän oli tyytyväinen siihen mitä kahdella rupialla saattoi ostaa ateriaksi. Amma voi olla onnellinen millaisissa olosuhteissa tahansa, sillä hänen ilonsa lähde ei tule ulkoisesta vaan sisäisestä maailmasta.

Rauhan ja onnen odottaminen ulkoisesta maailmasta on kuin kuopan kaivamista aavikolle toivoen veden löytyvän janomme sammuttajaksi. Emme todennäköisesti koskaan löydä vettä, vaikka kaivaisimme vuosia. Ja jos ihmeellisesti sattuisimme löytämään vähän vettä, olisi se mitä todennäköisimmin suolaista ja vain lisäisi janoamme. Tullessamme Amman luo on janomme sammutettu, sillä hän opettaa meitä löytämään aidon tyytyväisyyden sisältämme.

Kerran oli eräs rikas mies, joka kätki kaikki rahansa ja käytti niitä vain ylellisyyksiin. Eräänä päivänä hänen avatessaan Mercedes Benzinsä ovea rekka ajoi ohi ylinopeutta ja osui siihen repien oven irti saranoiltaan. Poliisi saapui ja löysi miehen kiehumassa raivosta ja katkerasti valittamassa kallisarvoiselle autolleen sattunutta vahinkoa.

"Oletko hullu?" kysyi poliisi. "Olet niin huolissasi kauniista autostasi, ettet edes huomaa vasemman kätesi revenneen irti!"

"Oi EI!" sanoi mies, katsoen alas ja huomaten käsivartensa puuttuvan: "Missä on ROLEXINI?"

Ymmärtäessämme, ettei onni löydy ulkoisista kohteista tai aistinautinnoista, haluamme epäilemättä lakata hukkaamasta rahaa tarpeettomiin asioihin ja käytämme tämän rahan sen sijaan palvellaksemme köyhiä.

Monet lapset, jotka ovat kasvaneet Amman ympärillä, ovat oppineet tämän tärkeän läksyn. Tänä vuonna Euroopassa nuori sveitsiläinen poika, joka on edistynyt huilisti, voitti kansallisen kilpailun. Hän sai palkinnoksi rahaa, mutta oli haluton pitämään sitä itsellään, sillä hän tunsi sen todella kuuluvan Ammalle. Hän tunsi sen olleen Amma, joka oli soittanut huilua hänen kauttaan ja halusi siksi palkintorahat annettavaksi hänelle ja käytettäväksi hyväntekeväisyyteen. Amma oli hyvin liikuttunut pojan ajattelevaisuudesta.

Pojan nuorempi sisar, vaikkakin oli onnellinen veljensä menestyksestä, oli surullinen tuntiessaan, ettei hänellä ollut mitään mitä antaa Ammalle. Hänen mennessä darshaniin Amma sanoi: "Sinäkin voit oppia soittamaan jotain ja ehkä voittaa palkinnon ja voit myös antaa rahat köyhien lasten auttamiseen." Viikkoa myöhemmin syntymäpäivänä isovanhemmat antoivat nuorelle tytölle vähän rahaa jäätelöön. Sen sijaan, että olisi käyttänyt rahat omaksi nautinnokseen, tuli hän darshaniin ja vaati, että rahat annettaisiin toisten auttamiseen. Amma otti vastaan hänen tarjouksensa ja tytön toive täyttyi.

Amma sanoo, ettei Jumala tarvitse meiltä mitään, sillä Jumala on ikuisesti täysi ja täydellinen. Maailmassa on kuitenkin niin monia ihmisiä, jotka kärsivät syvästi ja he kyllä tarvitsevat apuamme. Palvellessamme heitä mekin saavutamme, sillä kun meillä on toisille antamisen asenne, tekee se meidät laajemmiksi ja myötätuntoisemmiksi auttaen meitä kasvamaan henkisesti.

Niistä tuhansista Intiassa joka päivä Ammaa tapaamaan saapuvista ihmisistä, ehkä vain kahdellakymmenellä prosentilla on asiat hyvin, eivätkä he tarvitse mitään. Kolmekymmentä prosenttia onnistuu jotenkuten saamaan riittävästi perustarpeisiinsa, muttei yhtään enempää. Loput viisikymmentä prosenttia todella kamppailevat selviytyäkseen. Usein nämä ihmiset jäävät ilman ruokaa, lääkitystä ja muita elämän välttämättömyyksiä, koska he ovat hyvin köyhiä. Tullakseen tapaamaan Ammaa on heidän ehkä täytynyt lainata toisten vaatteita, koska heillä ei ole mitään siistiä päälle pantavaa. Joskus naisten on täytynyt myydä ranne- tai korvakorunsa saadakseen tarpeeksi rahaa matkustaakseen ashramiin. Jotkut ovat jopa syömättä päivän tai kaksi säästääkseen rahat ja voidakseen tulla katsomaan Ammaa.

Ollessamme lähiaikoina Singaporessa kysyi toimittaja Ammalta mikä hänen mielestään on maailman ongelmien lähde. Amma vastasi, että hänen mielestään köyhyys on yhteiskunnan suurin vihollinen. Hän sanoi sen olevan yksi pääsyistä siihen, että ihmisistä tulee terroristeja tai he alkavat käyttää huumeita tai tekevät murhia. Köyhyydestä johtuen ihmiset ryhtyvät varkaiksi tai prostituoiduiksi, vain kyetäkseen löytämään selviytymisen keinot. Amma on sanonut, että kitkiessämme köyhyyden pois monet vallitsevista sosiaalisista ongelmista häviävät.

Koska meidän tulee tehdä tavalla tai toisella työtä elääksemme, ehdottaa Amma että jokaisen tulisi tehdä ylimääräinen puolituntinen päivässä köyhien hyväksi, paleluna maailmalle. Hän sanoo, että jos jokainen meistä antaa pienen summan päivittäisistä tienesteistään sellaisiin hyväntekeväisyyskohteisiin jotka palvelevat köyhiä, niin kahdeksankymmentä prosenttia kaikista maailman ongelmista voitaisiin poistaa.

Ihmisillä on sanottu olevan kaksi suurta ongelmaa. Toinen on se kun halumme eivät tule tyydytetyiksi ja toinen taas kun ne tulevat tyydytetyiksi. On myös sanottu, että Jumalan halutessa rankaista meitä antaa hän meille kaiken mitä pyydämme. Usein rukoilemme asioita, mutta ne saatuamme oivallamme ettemme niitä todella halunneetkaan. Jotkut viettävät koko elämänsä murehtien terveyttään tai juosten maineen ja mammonan perässä. Tällaisten asioiden perässä juoksevat ihmiset saavuttavat ne harvoin, ja jos he ne sattuman kautta saavuttaisivatkin, eivät he olisi onnellisia pitkään tai kokisi todellista mielenrauhaa. On parempi antaa asioiden juosta perässämme, kuin meidän tavoitella niitä. Jumala antaa meille varmasti sen mitä todella tarvitsemme.

Joillain ihmisillä on kaikki maailman ylellisyydet ja kuitenkin he ovat onnettomia. On jopa ihmisiä, jotka asuvat ilmastoiduissa luksustaloissa ja silti päätyvät tekemään itsemurhan. Kuulemme harvoin ihmisistä, jotka katuisivat kuolinvuoteellaan maatessaan, ettei heillä ollut enemmän omaisuutta tai rahaa. Sen sijaan kuulemme ihmisten katuvan, etteivät he iloinneet elämästä enemmän ja etteivät oppineet kuinka todella rakastaa muita.

Kuoleman kohdatessamme kaikki mitä eläessämme halusimme näytttä yhtäkkiä merkityksettömältä. Amma sanoo, että yritämme varmistaa elämämme ajatellen vaurauden tuovan turvallisuutta tuntematonta vastaan mutta unohdamme, että kuolema voi korjata meidät minä hetkenä hyvänsä. Muistaessamme tämän totuuden meidän tulisi pyrkiä elämään oikeamielistä elämää. Elämämme ei tulisi olla kuin koiran, joka haukkuu omaa kuvaansa peilissä ajatellen sen olevan todellinen. Meidän ei tulisi jahdata varjoja vaan kääntyä sisäänpäin löytääksemme todellisen tyytyväisyyden. Nautiskellessamme aisti-iloista hukkaamme kallisarvoista elämänenergiaamme. Koiran pureskellessa luuta se saattaa maistaa oman verensä ja nauttia mausta ajatellen sen tulevan luusta. Tällaista on onnen etsiminen ulkoisesta maailmasta. Sen minkä uskoimme olevan onnemme lähde, on itse asiassa harhakuva, joka johtaa kärsimykseen.

Mikään tässä maailmassa ei ole ikuista. Kiinnittyessämme ulkoisiin kohteisiin ei seurauksena voi olla kuin surua. Surun antama opetus on siinä, että meidän tulisi sen sijaan kääntyä Jumalan puoleen. Amma sanoo: "Luopuminen on mahdollista vain kun on rakkautta korkeampaan päämäärään." Emme voi pakottaa luopumista, voimme vain pyrkiä kehittämään hyviä ominaisuuksia ja siten huonot putoavat luonnollisesti pois.

Poista nämä kahleet jotka sitovat minua.
Sydämeni kaipaa vain rakastaa loputtomasti Sinua.
Mutta mieleni, kuin petturi,
Vetäytyy takaisin maailmaan.
Olen avuttomasti juuttunut
Surun harhakuvitelman ja suloisen autuuden väliin
Sinun armollisen muotosi etsimisestä johtuen.
Kuinka monta päivää vielä
on minun kestettävä tuskaa,
Ennen kuin Sinä sallit
Lootusjalkojesi kosketuksen?
Kuinka kauan on tämän hauraan muodon kestettävä
eron tuskaa Sinusta?

Luku 13

Asenne merkitsee eniten

*"Kasvata voimaasi kohdata esteet,
joita saatat henkiselle tiellä kohdata.
Emme voi muuttaa olosuhteita,
mutta voimme muuttaa suhtautumistamme niihin."*

Amma

Voimme hallita asioita elämässämme hyvin vähän. Emme kykene hallitsemaan toisten tekoja emmekä omien tekojemme loputuloksia. Asenteemme jolla toimemme suoritamme, on ainoa johon meillä on elämässämme täydellinen hallinnan mahdollisuus. Amma sanoo, että emme kykene hallitsemaan tuulta joka puhaltaa meren yllä, mutta voimme suunnata purjeemme tuulen suuntaan ja varmasti se vie meitä eteenpäin. Elämä on sekoitus nautintoa ja kipua eikä koskaan täysin ilman ahdistusta ja surua. Voimme olla todella onnellisia ja rauhallisia kaiken aikaa ainoastaan voittaessamme sisällämme olevat halut. Jonkun ylistäessä meitä jonain päivänä ja arvostellessa seuraavana, saatamme mennä pois tolaltamme. Amma sanoo, että meidän tulisi kehittää mieli johon nämä muuttuvat olosuhteet eivät vaikuta. Henkisenä etsijänä meidän tulee oppia ylläpitämään mielen tyyneyttä ja tasaisuutta kaikissa elämän olosuhteissa. Ajatellessamme Amman elämän olosuhteita ja kuinka hän on vuosien mittaan ne kohdannut, voimme nähdä totuuden siitä, kuinka reagointimme elämän olosuhteisiin todella määrittää sisäisen kokemuksemme. Vaikka Amma ei ollut aina yhtä arvostettu kuin nykyään. Hän tänä päivänä tunnettu laajasta hyväntekeväisyystyöstään ja yksinkertaisista rakkauden toimistaan havainnollistettuna päivittäisen darshaninsa kautta. Aikaisempina vuosina kohdatessaan vastoinkäymisiä ja halveksuntaa Amma ei koskaan antanut periksi.

Monia vuosia sitten eräät ashramin lähellä asuvat kyläläiset olivat erittäin paljon Ammaa vastaan. He eivät ymmärtäneet Ammaa eivätkä mitään henkisyydestä, joten he olivat usein hyvin kriittisiä häntä ja ashramia kohtaan. Hiljalleen vuosien mittaan he oppivat ymmärtämään enemmän Amman suuruutta.

Vuonna 2003 palatsimme maailmankiertueelta Intiaan sen jälkeen kun Amma oli vastaanottanut Gandhi-King palkinnon ja pitänyt puheensa Genevessä. Amman kunniaksi paloivat ashramiin johtavan tien varrella kaikkien talojen edessä öljylamput. Ihmiset jotka kerran olivat pilkanneet nyt palvoivat häntä. Aikoinaan kyläläiset heittivät häntä kivillä, nyt he heittivät kukkasia.

Yhtenä päivän eräs ashramin tytöistä alkoi kertoa minulle kuinka lohduttoman surullinen hän oli. Hän kertoi, että tunsi olevansa hyvin kaukana Ammasta ja ettei hänellä ollut tähän suhdetta. Amma antoi hänelle silloin joitain neuvoja: "Voit katsoa aurinkoa ja ajatella 'haluan olla kuin aurinko!' Mutta tiedät, ettei se voi käytännössä koskaan oikeastaan tapahtua. Mikset yrittäisi tulla edes tulikärpäseksi? On tarpeeksi olla tulikärpänen. Emme ehkä kykene loistamaan maailmaan auringon täyttä valoa ja lämpöä, mutta ainakin meistä voi tulla pieni valo pimeään. Pieni majakka, johtamaan jonkun tietä."

Surut ovat osa elämää. Ne ovat kuin taivaalla lentelevät linnut. Meidän tulisi antaa niiden lentää, meidän ei tulisi sallia

Pyhä Matka

niiden rakentaa pesää sydämeemme. Meidän ei myöskään tulisi hautoa suruja eikä sallia niiden olla kanssamme ikuisesti. Sen sijaan meidän tulisi päästää ne vapaiksi. Saatamme tuntea olevamme pimeässä, mutta todellisuudessa pimeyttä ei ole olemassa. Amma sanoo: "Avaa sydämesi ja huomaat, ettei siellä ole koskaan ollut pimeyttä, siellä on ollut vain valoa. Jos tunnemme pimeyttä, meidän tulisi muistaa sen kantavan kohdussaan aamunkoiton valoa." Amma muistuttaa meitä uudelleen ja uudelleen, että me olemme Jumalan valo ja se valo on aina sisällämme. Me yksinkertaisesti suljemme ovet ja ikkunat ja sitten valitamme, ettei valo paista sisään.

Asenteemme määrittää elämämme kokemukset ja koemmeko surua vaiko onnea. Suurimman osan aikaa meillä on taipumusta uppoutua liikaa ongelmiimme ja vaikeuksiimme sen sijaan, että muistaisimme kaikki ne hyvät asiat joita meille on annettu. On niin monia ihmisiä joilla on suuria suruja ja ongelmia. Muistaessamme kuinka paljon meillä todella on, erityisesti saatuamme armon tavata Amman, näyttää kokemuksemme elämästä päivältä verrattuna yöhön.

Eräs nainen Uudesta Seelannista kertoi minulle kuinka Amma oli antanut hänelle yhtenä päivänä tärkeän opetuksen. Hän oli pyyhkimässä pöytiä ja siivoamassa ashramin kanttiia sen jälkeen kun muut olivat syöneet. Hän oli ärtynyt kärsiessään niveltulehduksesta ja siitä ajatuksesta että joutuisi työskentelemään vielä hieman pidempään jomottava kipu lonkassaan. Hänen seuraansa liittyi yksi ashramissa asuva yhdeksänvuotias tyttö, joka oli hyvin herttainen. Vain vähän aikaa sitten hän oli murtanut ranteensa kaatuessaan ja hänen oikea käsivartensa oli kipsissä. Hyvin iloisena tyttö käveli naisen luokse ja kysyi voisiko auttaa. Nainen katsoi hänen kipsiään ja huomautti, että hän oli satuttanut kätensä? "No, minulla on vielä yksi

Asenne merkitsee eniten

ehjä käsi jäljellä!" lapsi vastasi hymyillen. Nainen tunsi itsensä täysin nöyräksi. Tässä oli lapsi, jolla oli ongelmia, suurempia kuin hänen omansa ja silti hän halusi auttaa muita.

Nykyään harvat ihmiset lähestyvät epäitsekästä palvelua todellisella rakkaudella ja ilolla. Amma on usein maininnut ihmisten kyllä tekevän ashramissa paljon työtä, muttei aina oikealla asenteella. On leikkiä laskien sanottu muutamien tyttöjen tulevan ashramiin ensin auttavaisin mielin. He ottavat luudan ja alkavat lakaista. Vähän ajan päästä heidän auttavainen luonteensa kuitenkin katoaa ja sen sijaan, että käyttäisivät luutaa lakaisemiseen, he juoksevat ympäriinsä lyöden sillä ihmisiä päähän!

Nähdessämme ihmisiä jotka tekevät työnsä aidolla rakkaudella ja keskittymisellä alamme mekin ottaa osaa heidän iloonsa. Se on tarttuvaa. Useat naiset ovat kertoneet minulle tuntevansa brahmacharinien rakkauden Ammaa kohtaan, heidän tehdessään *ayurvedistä* hierontaa ashramin *panchakarma* klinikalla. Hieronnan antaminen ei ehkä näytä henkiseltä harjoitukselta, mutta mistä tahansa oikealla asenteella tehtynä voi tulla meille keino Amman armon saavuttamiseen.

Aikomus teon takana on kaikkein tärkein ja lopulta määrittää lopputuloksen. Murhaaja saattaa käyttää veistä surmatakseen ja kärsiä negatiivisen karman johtuen pahoista aikeistaan. Toisaalta lääkäri saattaa suorittaa veitsellä kirurgisen toimenpiteen aikeenaan säästää potilaan henki. Tämä aikomus saa aikaan positiivista karmaa. Asenne teon takana on erilainen vaikka väline ja toimenpide ovat samat.

Koska asenne määrittää lopputuloksen, tulisi meidän pyrkiä suorittamaan tekomme hyvällä asenteella, jotta Jumalan armo voisi virrata meihin.

Amma määrittelee henkisyyden taiteeksi, joka opettaa meille kuinka elää koko elämämme täydellisyydessä. Henkisten periaatteiden ymmärrys on kaikkein tärkein tieto mitä elämässämme voi olla, sillä henkisyys opettaa meille kuinka elää elämäämme tässä aineellisessa maailmassa. Ellei meillä ole oikeanlaista ymmärrystä, voi kiintymyksemme syödä kaiken energiamme, vaikka uskoisimmekin Jumalaan. Onnellista elämää voi elää, jos ymmärtää henkisyyden periaatteet ja tietää maailman luonteen olevan epätodellinen ja ikuisesti muuttuva. Ellei elämän vääjäämättömiä ylä- ja alamäkiä tiedosta, löytää sen sijaan aina surua, pelkoa ja ahdistusta.

Esteet voivat tehdä meistä vahvempia. Sateenkaaren kauneus loistavine värien spektreineen ilmestyy vain kun sataa. Samalla tavoin, onni ja suru ovat kuin kolikon kaksi puolta. Jonkin ikävän kautta voi tapahtua myös jotain hyvää. Esimerkiksi vuonna 2001 suuri maanjäristys Gujaratissa sai aikaan uskomattoman määrän kärsimystä, mutta nosti myös voimakkaan myötätunnon niiden sydämissä kaikkialla maailmassa, jotka halusivat auttaa.

Muistan liikuttuneeni lukemastani artikkelista, joka kertoi ryhmästä erään Gujaratin rautatieaseman kantajia ja heidän myötätuntoisesta reaktiostaan maanjäristyksen aiheuttamaan tuhoon. Kantajia pidetään usein kylmäkiskoisina, sillä he saavat elantonsa ahdistelemalla matkustajia ja pyytämällä liikaa rahaa kannettuaan heidän kassinsa. Tämä kantajien ryhmä oli kuitenkin toisenlainen. Maanjäristyksen jälkeen he kokosivat rahansa, valmistivat ruokaa ja jakoivat ilmaisia aterioita niille, jotka saapuivat rautatieasemalle. He avasivat sydämensä, huolehtien niistä jotka kärsivät sen sijaan, että olisivat murehtineen omaa henkilökohtaista etuaan. Monet Gujaratissa olivat menettäneet rakkaansa ja kotinsa. Kun maanjäristyksessä kärsineet

Asenne merkitsee eniten

seuraajat saapuivat Amman darshaniin Ahmedabadissa, oli hän hyvin huolestunut heistä ja heidän hyvinvoinnistaan. Hän kysyi heiltä: "Kuinka pärjäätte? Kykenettekö selviytymään tästä suuresta menetyksestä?" he vastasivat hänelle melko rauhallisesti: "Jumala antoi ja Jumala otti pois." He eivät olleet niin poissa tolaltaan, kuin olimme kuvitelleet heidän olevan, vaan hyväksyivät tilanteensa.

Amma muistuttaa meitä, että päivät kuluvat nopeasti. Voimme joko nauraa tai itkeä, joten eikö olekin parempi nauraa, säilyttää positiivinen näkökulma riippumatta siitä, mitä elämä meidän eteemme tuo? Ollessamme Kanadassa luin sanomalehdestä artikkelia joka kertoi tulipaloista, joita oli sattunut maanviljelys alueella. Yhdeltä yli kahdeksankymmentävuotiaalta perunan viljelijältä oli palanut koko hänen maatilansa ja sukukotinsa täysin tuhkaksi. Hänelle ei jäänyt mitään muuta kuin ne vaatteet, jotka hänellä oli yllään. Kaikki oli palanut poroksi. Toimittajien kysyessä häneltä miltä hänestä tuntui menettää kaikki hän vastasi: "No ajattelen olevani ensimmäinen maanviljelijä historiassa joka on saanut perunansa paistetuksi ennen kuin niitä on edes kerätty!" Toimittaja oli hämmästynyt miehen kyetessä laskemaan leikkiä niin suuresta menetyksestä ja kysyi häneltä: "Kuinka voit vitsailla kaiken menettämisestä?" Hän vastasi: "No naura tai itke, päivät kuluvat, ei ole meidän osamme miettiä miksi". Tämä lähestymistapa meidän kaikkien tulisi tuoda henkiseen elämäämme.

Jokainen meistä voi valita asenteensa elämäntilanteissa. Jos yritämme tarpeeksi, voimme melkein aina löytää jotain positiivista jopa pahimmalta mahdolliselta näyttävästä tilanteesta. Toisen maailmansodan aikaan Saksassa olevilla keskitysleireillä oli muutamia miehiä, jotka muistetaan kävelystä läpi rähjäisten majojen lohduttamassa toisia ja tarjoamassa heille viimeistä leipäpalaansa. Näitä anteliaita sieluja ei ollut monia, mutta heidät tullaan aina muistamaan. Vaikka heiltä oli viety kaikki, valitsivat nämä muutamat miehet antaa aivan loppuun asti kunnes heillä ei ollut enää mitään jäljellä. Antamisen kautta he kykenivät kokemaan elämän iloa.

On tärkeää pysyä positiivisella mielellä. Meillä tulee olla viattomuutta, vilpittömyyttä ja täydellistä uskoa. Jos meillä on puolisydäminen asenne, emme koskaan kykene saavuttamaan päämääräämme.

On olemassa hassu tarina naisesta ja hänen kahdesta nuoresta pojastaan. Pojat halusivat nähdä tietyn elokuvan. He anelivat äitiään sanoen: "Mutta siinä on vain *vähän* väkivaltaa ja *vähän* seksiä." Hän ajatteli asiaa ja päätti sitten antaa heille opetuksen siitä, mitä vain vähän jotakin voi tehdä. Niinpä hän leipoi suklaakakkuja ja sanoi heille: "Tein nämä suklaakakut ja laitoin niihin vain *vähän* koirankakkaa, mutta ette tule edes maistamaan sitä. Ette edes tiedä sen olevan siellä. Ja jos syötte yhden näistä, niin voitte mennä katsomaan elokuvaa." He tunsivat niin paljon inhoa, etteivät edes koskeneet suklaakakkuihin. Tämä tarina havainnollistaa kuinka vain vähän negatiivisuutta, itsekkyyttä tai vilpillisyyttä tekee suuren eron.

Jumalan armo tulee meille, jos meillä on avoin sydän ja ponnistelemme itse. Eräänä vuonna Japanissa Devi bhavan aikana eräs mies yleisöstä lauloi *Ishwara Tumhin* japaniksi. Amma yllättyi kuullessaan hänen laulavan tätä bhajania. Joku selitti Ammalle tämän miehen työskennelleen kaksikymmentäkuusi vuotta kuusi päivää viikossa perheensä kiinalaisessa ravintolassa. Kaikki nämä vuodet hän oli pitänyt vain yhden päivän viikossa vapaata, aina keskiviikkoisin. Vaikka hän oli ollut Amman seuraaja monia vuosia, ei hän ollut koskaan aiemmin voinut tulla tätä tapamaan. Tänä vuonna ohjelma oli ensimmäistä kertaa keskiviikkona ja viimein hän kykeni tapaamaan Amman ja laulamaan hänelle. Laulun lopussa mies puhkesi kyyneliin. Amma oli erittäin mielissään kuullessaan hänen laulavan niin suurella vilpittömyydellä ja antaumuksella.

Kerran eräs vanha mies saapui ashramiin muutamaksi päiväksi. Aina hänen mennessä darshaniin näkivät kaikki kuinka hellästi Amma häntä halasi. Hänestä tuli kuin lapsi tämän läsnäollessa, vaikka hän olikin aika vanha. Joku antoi hänelle kaksi ylimääräistä valkoista paitaa ja dhotia. On perinteistä antaa jotain Gurulle ja hänestä tuntui pahalta, että hän oli niin köyhä, ettei hänellä ollut mitään annettavaa. Hän oivalsi, ettei todella tarvinnut molempia vaatekertoja ja päätti antaa toisen valkoisen paidan Ammalle darshanin aikana. Amma oli niin iloinen ottaessaan paidan vastaan, että laittoi sen välittömästi päälleen ja piti sitä darshanin loppuun asti. Kaikki menivät temppeliin katsomaan Ammaa pitämässä yllään tätä puseroa, joka sointui niin hyvin hänen sariinsa. Oli kaunista katsottavaa nähdä vanhan miehen istuvan hänen takanaan autuaana. Tämä oli ylitsevuotavan iloinen siitä, että Amma oli laittanut paidan ylleen. Äiti ei kyennyt toimimaan toisin. Hänen oli laitettava se ylleen. Katsoessamme Ammaa näemme hyvin selvästi hänen havaitsevan viattoman sydämen tarjouksen vastustamattomaksi.

On hyvin helppoa olla rauhallinen ja tyyni istuessaan silmät suljettuna. Kuitenkin tämän saman asenteen tulisi pysyä yllä ollessamme maailmassa aktiivisesti mukana. Vaikeiden tilanteiden tullessa eteemme tulee meillä olla sama mielen vakaus kuin hyvien asioiden tullessa meille. Meidän tulisi olla joustavia kaikissa tilanteissa ja kykeneviä säilyttämään mielemme tasapainoisena jopa ollessamme keskellä kaikkein stressaavinta tilannetta. Tämä on todellinen testi siitä kuinka vahvoja meistä on tullut henkisesti. Voimme vain yrittää antaa parhaan panoksemme ja jättää loput Jumalan käsiin.

Elämäni on revitty kahtia
Niin kuin salaman iskemä puu.
Rakkautesi on lävistänyt sydämeni
Ja suunnannut haluni liekin Sinuun.

Tämän maailman julmat tuulet
Yrittävät sammuttaa rakkauteni,
Mutta Sinä suojelet sitä aina myötätunnollasi.

Kuinka yksinäinen onkaan tämä elämä,
Kuin surullinen laulu.

Ajelehdin keskellä surua ja harhaa.
Vaikka moni ympäröi minua,
He eivät kuulu minulle, enkä minä heille
Sinä yksin asut sydämessäni.

Olet kuin kaunis ruusu vailla vertaa
Kauneudessaan ja tuoksussaan
Mutta terävät piikkisi
Ovat ainoa mistä saan otteen.

Luku 14

Kaikkitietävä Äiti

Miten Amma voisi sanoa kuka ja mitä Hän on?
Miten tuon Korkeimman Tilan voi selittää?"
  Amma

Monia vuosia sitten törmäsin ashramin yläkerran parvekkeen kulkutiellä koriin. Tässä korissa oli noin kolmekymmentä pakettia keksejä ja tiesin niiden olevan tarkoitettu jaettavaksi brahmachareille. Tunsin etten saisi yhtään, kun se kerran saavuttaisi brahmacharit. Joten ajattelin että minun tulisi varmaankin ottaa oma osuuteni juuri tässä ja nyt. Otin yhden paketin katsoen ympärilleni varmistaakseni, että kukaan ei katsellut minua, laitoin sen sarini sisään ja menin matkoihini. Myöhemmin sinä iltapäivänä Amma lähetti yhden tytöistä luokseni. Tyttö sanoi: "Amma pyysi kysymään saatko tarpeeksi ruokaa syödäksesi täällä ashramissa?" Epäröiden kakistin ulos "kyllä," mutta tunsin itseni täysin muserretuksi. Amma oli tiennyt mitä olin tehnyt, vaikka hän ei ollut sitä nähnyt. Tunsin etten voisi koskaan syödä niitä keksejä!

Amma tietää kaiken mitä hänen seuraajilleen tapahtuu. Vaikka hän olisi kaukana hän tietää silti mitä meille tapahtuu ja kuinka reagoimme tilanteissa.

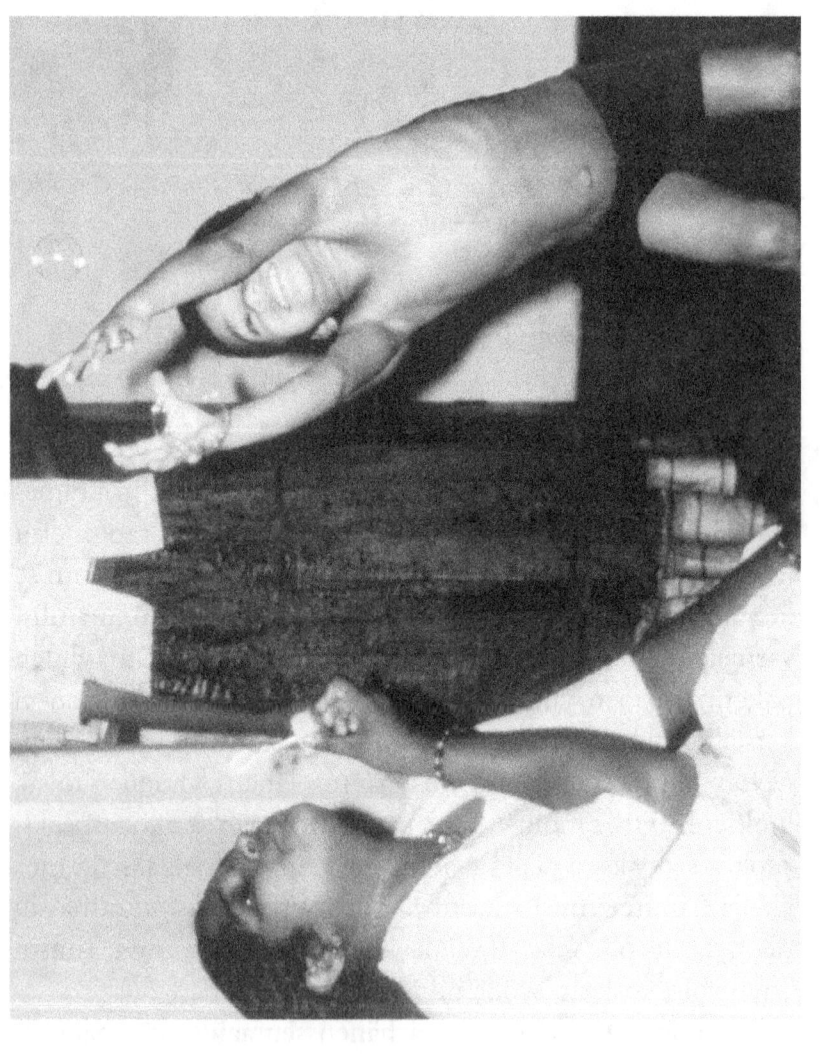

Kaikkitietävä Äiti

Eräänä päivänä brahmachari kysyi Ammalta tiesikö hän kaiken mitä maailmassa tapahtuu, sillä hän ajatteli, ettei se ole mahdollista. Tämä kaveri piti teen juomisesta. Ashramin alkuaikoina se oli kuitenkin kiellettyä ja tarjolla oli vain maitovettä. Hän kysyi, että jos Amma meditoi ja hän menee kahvilaan teelle, niin tietäisikö hän siitä? Amma sanoi ehdottomasti tietävänsä sen. Amma sanoo, että vaikka hän ei aina näytä sitä, hän tietää varmasti, jos teemme jotakin väärää.

Hän saattaa jopa teeskennellä kuulleensa joltakin toiselta mitä olemme tehneet. Tällä tavoin olosuhteet, joko Amman luomat tai hänen läheisyydessään tahattomasti syntyneet, auttavat häntä nostamaan kaikki vasanamme pintaan, jotta ne voitaisiin poistaa. Saattaa esimerkiksi näyttää siltä että Amma katsoo kaikkia muita paitsi meitä. Mutta Amma saattaa vain testata nähdäkseen kuinka reagoimme. Aivan kuin ayurvedisen lääkärin tulee nähdä kaikki potilaan oireet ennen lääkkeen määräämistä, saattaa Amma haluta nähdä taipumuksemme ennen kuin tietää millaista sadhanaa laittaa meidät tekemään.

Amma saattaa jopa moittia meitä jostakin, jota emme tehneet vain nähdäkseen kuinka vastaamme siihen. Vaikka hän saattaa joskus teeskennellä, ettei tiedä mitään, toisina aikoina hän taas selvästi näyttää meille, ettei mikään ole häneltä salassa. Me näemme vain asioiden pinnan, Amman näkö kuitenkin luotaa pinnan alle ja näkee kaikkien tilanteiden menneen, nykyisyyden ja tulevaisuuden. Meidän rajoittunut ymmärryksemme saattaa aiheuttaa meille epäilyksiä, mutta meillä tulee olla luottamusta siihen, että Amma todella tietää mitä tekee.

Joskus kysyessämme Ammalta kysymyksen ja saadessamme epätavallisen vastauksen, näyttää kuin hän ei ymmärtäisi mitä sanomme. Mutta jopa vuosia myöhemmin saatamme yllättäen ymmärtää hänen vastauksensa tarkoituksen. Toisinaan hän saattaa jättää vastaamatta kysymykseemme. Hän on sanonut, ettei ole aina hänen asiansa kertoa meille kaikkea, että on joitain opetuksia elämässä, jotka meidän on opittava itse. Jumalan oivaltanut sielu ei voi koskaan tehdä virhettä. Jossain tilanteessa saattaa näyttää siltä etteivät he ole oikeassa, mutta huomaamme lopulta heidän olevan aina oikeassa. Kerran matkustaessamme autolla, joku huomasi lievän palaneen hajun. Amma väitti sinnikkäästi, että jokin autossa palaa. Mutta me kaikki väitimme palaneen hajun tulevan ulkoa. saapuessamme määränpäähämme alkoi savua tulla moottorista. Pieni muoviputki oli juuttunut lähelle akkua ja alkanut sulaa aiheuttaen palaneen hajun. Jälleen kerran Amma oli oikeassa. Tietysti, Amma on *aina* oikeassa!

Amma sanoo ymmärtävänsä oman itsensä luonteen, joka on sama kuin kaikkialla läsnäoleva Itse. Meistä jokainen on luotu makrokosmoksen pienoismalliksi. Siten ymmärtäessämme itsemme, ymmärrämme kaikken. Vain täydellinen mestari, kuten Amma, voi auttaa meidät ymmärryksen alkuun. On sanottu, että Mestarista tulee linkkimme Absoluuttiseen Totuuteen. Jokainen elävä olento omaa valaistumisen siemenet. Löytäessämme Itsemme tulemme tietämään kaiken.

Amma selitti kerran, että aurinko valaisee kaiken, loistaen kaikille. Ei ole mitään mitä aurinko ei voisi koskettaa. Silti aurinko ei väitä loistavansa kaikkialla, se vain nöyrästi tekee velvollisuutensa. Samalla tavoin, Amma nöyryydessään ei koskaan näytä että hän tietää kaiken, mutta kokemuksemme kautta, tulemme ymmärtämään hänen todellisen suuruutensa.

Eräänä päivänä Amerikassa lähellä ohjelman loppua saapui eräs nainen luokseni myyntipöydille jossa työskentelin. Hänellä oli suklaalautanen, josta Amma antaa prasadia ihmisille darshanin aikana. Pitäessään minua vastuullisena henkilönä pyysi

Kaikkitietävä Äiti

hän jos voisin pitää suklaita luonani jonkun aikaa. Tietysti ollen aina valmis auttamaan ja erityisesti tämän tyyppisiiin töihin suostun mielelläni!

Koska työskentelimme pitkään darshanin aikana ja saimme joskus lounaan vasta myöhään iltapäivän tunteina, huomasimme usein olevamme hyvin nälkäisiä. Syyllisenä avasin yhden suklaakäärön ja nakkasin sen suuhuni. Mm, kuinka herkullista se olikaan, mutta kuinka lopettaa yhteen? Joten avasin toisen tai kaksi ja laitoin ne suuhuni. Yhtäkkiä darshan päättyi ja Amma alkoi tehdä lähtöä salista. Kaikkina niinä vuosina, jotka Amma oli matkustanut kiertueella, ei hän ollut kertaakaan vieraillut myyntipöydillä. Näytti kuitenkin siltä, että sinä päivänä innoitin häntä tulemaan.

Seisoin siinä hämmästyksen vallassa Amman kävellessä luokseni ja hyväillessä rintaani. Hän sanoi: "Tyttäreni, näytät niin laihalta, syötkö sinä?" kykenin vastamaan vain "Mmm!" toivoen ettei minulla olisi suklaatahroja kasvoillani. Amma vastasi: "Toiset näyttävät lihovan, mutta sinä näytät niin laihalta. "En vieläkään kyennyt vastaamaan muuta kuin toisen kerran "Mmm!" suklaan sulaessa suussani. Sitten Amma hymyili, hyväili rintaani vielä kerran ja käveli pois.

Tunsin itseni hyvin noloksi. Amma tietää aina tarkalleen kuinka saada meidät kiinni puolustuskyvyttöminä ja antaa meidän tietää ettemme voi salata häneltä mitään. Nykyisin, tietysti tämä tapahtui monia vuosia sitten ja sen jälkeen olen kehittynyt, on turvallista luottaa hoiviini lautasellinen suklaata, kunhan se ei ole ennen lounasta!

Vielä erään toisenkin kerran Amma antoi minulle väläyksen kaikkitietävyydestään. Ajoimme Kuwaitissa ohjelman jälkeen autolla. Amma oli sallinut yhden kuljettajansa nuoren tyttären matkustaa kanssamme. Tämä nuori tyttö oli noin

Pyhä Matka

kahdeksanvuotias eikä Amma näyttänyt olevan hänelle niin läheinen kuin hänen toisille kahdelle sisarelleen. Hän vaikutti ujolta verrattuna noihin kahteen. Olin nähnyt hänen laulavan Ammalle sinä iltana istuen lavan takaosassa kaukana siitä etuosasta, missä Amma antoi darshania.

Amma painautui autossa hänen lähelleen, antoi suukon tytön kädelle ja sanoi: "Lauloit Äidille tänään. Ammalla oli tapana laulaa samaa laulua kauan sitten." Sitten Amma alkoi laulaa pehmeästi laulua, jota hän oli laulanut: *"Govinda Madhava, Gopala Keshava, Jaya Nanda Mukunda Nanda Govinda, Radhe Gopala."*

Olin seurannut Ammaa silloin ja nähnyt, ettei hän ollut kertaakaan kääntynyt katsomaan tämän laulamista. Kun niin monet nuoret tytöt olivat laulaneet, ihmettelin kuinka hän voisi muistaa tytön äänen niin erilaiseksi kaikista muista? Tämä oli vain yksi pieni maistiainen Amman jumalaisesta äidillisestä hellyydestä ja myötätuntoisesta rakkaudesta, loistaen voimakkaasti läpi pimeän yön.

Matkustaessani Amman kanssa olen nähnyt lukemattomien toiveiden toteutuvan. Ammalla on uskomaton kyky tietää kaikkien sydänten syvimmät toiveet. Eräänä vuonna Santa Fen ohjelman aikana tuli luokseni seuraaja täysin kuurona syntyneen ystävänsä kanssa. Sinä päivänä hän oli mennyt Amman darshaniin ja ollut hämmästynyt *kuulleessaan* Amman puhuvan korvaansa.

Hän ei kyennyt ymmärtämään kuinka se oli voinut tapahtua. Seuraaja ja minä hymyilimme toisillemme ymmärtäen, että tämä oli vain yksi Amman suuruuden ihmeistä.

Toisen kerran nuori nainen Iowasta kertoi minulle kuinka hänen isoäitinsä oli tullut darshaniin hirveän kroonisen niskakivun kanssa. Hän kertoi Ammalle ongelmastaan. Seuraavana aamuna darshanin jälkeen, oli hän hämmästynyt huomatessaan niskakivun kadonneen täysin.

Seuraaja Intiasta kertoi minulle, että seitsemän vuotta hän oli kärsinyt kamalasta migreenistä eikä kyennyt syömään riisiä tai mitään hedelmiä. Hän meni darshaniin, Amma syötti hänelle vähän riisiä ja siitä lähtien päänsärky ja ruoka-allergiat ovat täysin kadonneet ja hän kykenee syömään normaalisti jälleen. Hän tuntee parantuneensa Amman armosta.

Amma vieraili kerran sairaalassa palovammojen vuoksi hoidettavana olevan seuraajan luona. Amman nähdessä hänet siellä, suukotti hän molempia tämän käsiä ja jalkoja ja antoi hänelle vähän prasadia. Myöhemmin hän itki kertoessaan tätä tarinaa toiselle seuraajalle, selittäen että oli ollut hänen syntymäpäivänsä ja hänellä oli aina ollut voimakas halu saada Amma suutelemaan hänen käsiään. Hän oli syvästi liikuttunut Amman täytettyä hänen toiveensa.

Vaikka Ammalla on miljoonia seuraajia ympäri maapalloa, on hänellä suhde heihin jokaiseen. Ollessamme eräänä vuonna Münchenissä Amma kysyi vanhasta naisesta, joka oli aina vuosittain tullut häntä tapaamaan. Hän ei ollut nähnyt naista ja kyseli siksi meiltä kaikilta muistimmeko häntä tai tiesimmekö missä hän oli. En kyennyt muistamaan vanhaa naista, eikä kukaan muukaan kyennyt häntä muistamaan. Mutta Amma painotti, että meidän tulisi ottaa selvää tästä naisesta sillä Amma sanoi että hänen mielensä pysytteli tässä.

Tällä vanhalla naisella oli tapana kertoa Ammalle olevansa täysin yksin maailmassa, ettei hänellä ollut ketään muuta kuin Amma. Joka vuosi hän odotti pääsevänsä tapaamaan tätä. Amma jatkoi kyselyään meiltä jokaiselta, mutta kukaan ei voinut antaa hänelle tietoa naisesta. Hän sanoi meidän *dharmamme* olevan ottaa hänestä selvää. Lopulta saimme selville,

Pyhä Matka

että nainen oli kuollut kuukautta ennen Amman vierailua. Vaikka kukaan meistä ei kyennyt häntä muistamaan, oli hänen kuvansa painuneena syvälle Amman sydämeen.

Matkustaessamme Intian eri osavaltiossa ja ympäri maailmaa, käännetään Amman satsang aina paikalliselle kielelle. On aika hämmästyttävää seurata Ammaa näyttelemässä kuuntelun ja satsangin korjauksen draamaa vaikkakin se on toisella kielellä. Ammalta ei koskaan jää huomaamatta mitkään kääntäjän mahdollisesti tekemät virheet, vaikka hän ei tuntisi kieltä. Joku kysyi kerran Ammalta ymmärtääkö hän kaikkia eri kieliä vai kykeneekö hän vain lukemaan ihmisten ajatuksia? Amma vastasi, että vaikka hän ei tunne kieltä kertoo hänen mielensä, jos joku tekee virheen.

Ammalla on todellinen tieto kaikesta, vaikka hän kävi koulua vain neljänteen luokkaan asti. Hän keskustelee esimerkiksi ydintieteilijöiden kanssa, neuvoen näitä heidän työnsä eri osa-alueilla. Nämä ihmiset ovat saattaneet omistaa koko elämänsä opiskellakseen monimutkaisia aiheita kuten ydinfysiikkaa, matematiikkaa, suhteellisuusteoriaa tai kvanttifysiikkaa, mutta silti Amma osoittaa erilaisia tosiasioita, joita he eivät koskaan aikaisemmin ajatelleet tai ymmärtäneet lukemattomien tutkimus- ja työvuosien aikana. Vaikka hänen muodollinen koulutuksensa on saattanut kestää vain viisi vuotta, hänen tietonsa tulee esiin selvästi ja spontaanisti.

Se mitä Amma kykenee hallitsemaan yhtenä hetkenä, on aika ihmeellistä. Kuvittele esimerkiksi vaikka sunnuntain Devi bhavaa Intiassa. Yleensä vähintään 10.000 tai 15.000 ihmistä on tullut darshaniin. Darshanin alussa on tehtäväni antaa prasadia Ammalle, joten yleensä istun hänen lähellään. Kovaääniset kaikuvat hänen bhajaneitaan niin lujaa, että ne tärähtelevät ja on huudettava kuullakseen musiikin ylitse. Usein minun on taisteltava vain saadakseni prasad ajoissa Amman käteen, jotta hän voisi antaa sen kullekin ihmiselle. Kamppailen yrittäessäni tehdä vain yhtä asiaa, kun taas Amma suorittaa vaivatta kymmenen muuta asiaa samaan aikaan.

Voitko kuvitella kahdenkymmenen nälkäisen vauvan jonon odottavan Amman syliin ojentamista hänen antaakseen heille ensimmäisen kiinteän ruoka-annoksen makeutettua riisiä? Pienet vauvat mutta valtava keuhkokapasiteetti, huutoa ja itkua kaikkia samaan aikaan, huitomassa pikkuisia käsiään ja vääntelehtien Amman sylissä. Amma yrittää laittaa riisiä heidän suuhunsa ja samaan aikaan AIMSin johto istuu hänen vasemmalla puolellaan kysellen kysymyksiä sairaalasta. Brahmacharit, jotka johtavat tietokoneinstituutteja ja insinöörioppilaitoksia odottavat päästäkseen myös kysymään ohjeita. Samaan aikaan poika nojaa Amman oikeaa olkaa vasten, koettaen saada hänen huomiotaan. *"Amme! Amme!* (tökkien häntä) *Amme! Amme!* Minulla on pieni kipu vasemmassa kyynärpäässäni. Katso, Amma katso. Voitko koskettaa sitä, Amma? Amma, kosketa sitä! Amma, kosketa sitä!"

Sitten kolmas henkilö, joka tulee darshaniin sanoo: "Mantra, Amma, haluan mantran." Amma antaa mantroja oikealta puolelta kuiskaten ihmisten korvaan. Hän vastaa kysymyksiin yksi kerrallaan, samalla kun vielä katselee tyttöä, joka itkee ja sanoo: "Amma ei koskaan katso minua, en usko hänen rakastavan minua enää."

Darshan jatkuu, tuhansia ihmisiä tunnissa. Länsimainen mies kysyy: "Nimi, Amma, haluan nimen." Sillä välin poika, joka notkuu hänen oikealla olkapäällään sanoo, *"Amme! Amme!* Voinko tuoda sinulle jotain juotavaa, Amma? Voinko tuoda sinulle jotain juotavaa, Amma? Amma, kipu on hieman vähentynyt, mutta ehkä sinun pitäisi koskea myös toista kättä, varmuuden vuoksi." Amman täytyy silittää hänen molempia käsiään ennen kuin tämä jättää hänet rauhaan.

Amma tekee kaiken samanaikaisesti täysin keskittyneesti. Yritän tehdä yhtä asiaa ja huomaan sen vaikeaksi.

Kerran erään Devi bhavan lopussa minun oli saatava kysyä Ammalta tärkeä kysymys eräälle toisen henkilön puolesta. Hän oli antanut darshanin jo 15.000 ihmiselle keskeytymättä ja oli valvonut koko yön. Devi bhavan vihdoin päättyessä oli seuraava aamu puolessa välissä. Olin väsynyt unen puutteesta, mutta Amma oli yhä voimissaan. Menin hänen huoneeseensa ja kysyin kysymyksen. Amma antoi vastauksen ja jatkoi sitten keskustelua toisista aiheista. Hän päätyi kertomaan minulle koko Intian historian muinaisista ajoista nykypäivään. Hän oli täydellinen historian opettaja. Se vei noin kolmekymmentä minuuttia.

Keskustelun aikana hän jopa laski matemaattisia yhtälöitä päässään. Hän sanoi, "jos 680.000 jaetaan 28 saamme 24.285 ja jos tämä kerrotaan 18 se tekee 437.141. Ei, ei. 437.142. se on oikein eikö olekin?" No, minun pääni oli täysin pyörällä vain siitä että yritin pysyä perässä. Ei ollut mitään mahdollisuutta, että olisin yrittänyt laskea noita lukuja ilman laskinta, mutta Amman mieli on häikäisevä.

Toisen kerran Amma halusi joitain lukuja laskettavan sillä välin kun matkustimme lentokoneessa. Minulla ei ollut laskinta mukanani, joten päädyin kirjoittamaan kaiken paperille ja sitten laskemaan tämän pitkän listan numeroita. Tämä toimenpide vei minulta noin kymmenen minuuttia ja lopuksi näytin sen Ammalle. Hän katsoi sitä muutaman sekunnin ja sanoi: "Luulen että teit yhden pienen virheen yhteenlaskussa, tässä." Hän osoitti suoraan yhteen virheeseen koko sivullisesta lukuja.

Kaikkitietävä Äiti

Eräänä yönä ollessamme kiertueella Santa Fessä olin Amman viereisessä huoneessa. Vaikka usein majoituin Amman viereiseen huoneeseen, muutamina viime vuosina minulla ei ole ollut mahdollisuutta nukkua hänen kanssaan niin kuin olin satunnaisesti tehnyt varhaisina vuosina. Yhtäkkiä mieleeni tuli kuinka mukavaa olisi maata lähellä Ammaa ja pidellä häntä. Ajatus yllätti minut sillä olin yleensä tyytyväinen olemaan taka-alalla ja en useinkaan kaivannut niin kuin useimmat ihmiset saada olla fyysisesti Amman lähellä. Mutta ajatus käväisi nopeasti mielessäni ja sitten katosi, ja kävin nukkumaan.

Muutamaa tuntia myöhemmin yöllä, joku tuli huoneeseeni ja sanoi että Amma kutsui minua. Menin huoneeseen ja Amma pyysi minua hieromaan jalkojaan. New Mexicon ilmastosta ja korkeudesta johtuen Amma oli usein monia öitä nukkumatta niin kuin hän oli tälläkin kertaa. Joten hieroin hänen jalkojaan toivoen tämän auttavan häntä lepäämään. Hetken päästä hän sanoi minulle: "Vain jos käyt Amman viereen ja pitelet häntä Äiti saattaisi kyetä nukkumaan." Tämä yllätti minut täysin, mutta tein niin ja Amma nukahti nopeasti.

Vaikka toiveeni oli vain ohitse kiitävä, Amma oli täyttänyt sen niin nopeasti. Mitä sanoa niistä sydämeenkäyvistä rukouksistamme, joita hän niin paljon todennäköisemmin täyttää?

Etkö kuule tuskaisen sydämeni itkua?
Etkö näe kuumien kyyneleideni putoavan?
Maailma on menettänyt suloutensa.
Janoan juoda vain
Sinun myötätuntoisen muotosi nektaria.
Sydämeni on revitty tästä vastaamattomasta rakkaudesta
Odotan täällä värisevin sydämin
Tietäen etten ole arvollinen tarjoamaan itseäni Sinulle.
Mitä tämä revitty sielu voi tehdä?
Olen hukkumassa surujen mereen.

Luku 15

Muuttaen elämiä

"Pieninkin toisten puolesta suorittamamme teko voi tuoda suuren muutoksen yhteiskuntaan. Emme ehkä näe muutosta heti, mutta jokaisella hyvällä teolla on varmasti vaikutuksensa. Jopa pieni hymy on äärettömän arvokas, ja hymy ei maksa meille mitään!"

Amma

Kerran oli mies, joka halusi muuttaa maailmaa. Hän rukoili: "Oi Luoja, anna minulle voimia muuttaa tätä maailmaa." Myöhemmin monien vuosien kuluttua hänen tultua keski-ikäiseksi hän oivalsi, ettei hänelle ollut tarpeeksi voimaa muuttaa maailmaa. Hän ei ollut enää nuori ja kapinallinen, joten hän alkoi rukoilla: "Oi Luoja, anna minulle voimia muuttaa sukulaiseni." He olivat häntä paljon nuorempia ja vahvempia, eivätkä olleet kiinnostuneet muuttumaan. Niinpä hän alkoi rukoilla: "Anna minulle tarpeeksi voimaa muuttaakseni itseni." Vasta silloin hän oli tyytyväinen. Jos muutamme itsemme, niin kaikki muu seuraa perästä.

Kaikki suuret Mestarit sanovat, ettei onni löydy ulkoisesta maailmasta. Sen sijaan he innostavat meitä luomaan muutoksen itsessämme. He eivät tee kaikkea työtä puolestamme, vaan

Pyhä Matka

toimivat katalysaattoreina ja innoituksen lähteenä muuttuaksemme. Voimme pyrkiä muuttamaan elämässämme kaikkia ulkoisia asioita ollaksemme henkisempiä. Voimme muuttaa nimemme, muuttaa vieraaseen maahan, syödä eri ruokaa tai hankkia nenäkorun, samanlaisen kuin Ammalla. Voimme muuttaa nämä ulkoiset asiat, mutta jos mielemme säilyy samana, kaikki ongelmamme seuraavat mukanamme minne menemmekin. Pelkomme ja jännityksemme pysyvät aina samoina. Ulkoisia olosuhteita voidaan muuttaa, mutta vain Amman kaltaiset suuret mestarit voivat poistaa pelkoja ja jännityksiä elämästämme muutamalla sydämiämme. Amma muuttaa meitä sisältä käsin, auttaen meitä oivaltamaan totuuden jumalaisesta luonnostamme.

Eräs seuraaja kertoi minulle lopettaneensa uusien sarien ostamisen tavattuaan Amman. Kaikki rahat, jotka hänellä oli tapana kuluttaa uusia sareja ostaessaan, hän säästi nyt ja antoi Ammalle käytettäväksi köyhien hyväksi. Amma on innoittanut häntä elämään yksinkertaisemmin.

Nainen Mysoresta kertoi, että opittuaan Amman *IAM* meditaation, hänen elämänsä parantui huomattavasti. Tämä kolmen lapsen leskeksi jäänyt äiti työskentelee lakaisijana Amman koulussa, tehden joka päivä kaksitoista tuntia kovaa työtä. Hän sanoo kärsineensä kivuista kehossaan, astmasta ja väsymyksestä, ennen kuin oppi tekniikan. Harjoitettuaan säännöllisesti IAM tekniikkaa kaikki oireet olivat kadonneet. Hän sanoi olevansa yhä tietoinen elämässään ilmenevistä ongelmista, mutta hän ei kiinnitä niihin enää huomiota, eikä murehdi niin paljon. Nyt hän luovuttaa kaikki ongelmansa Ammalle. Hänen elämästään on tullut rauhaisaa.

Useimmat maailman ihmisistä ovat hyvin onnettomia. Nuoret kasvavat tietämättä mihin kääntyä saadakseen rauhaa ja tyydytystä elämäänsä, mutta Amman vaikutuspiirissä kasvaneet lapset oppivat kehittämään hyviä ominaisuuksia aivan alusta lähtien. Tällainen oli Intiaan äitinsä kanssa kiertueelle tulleen nuoren ranskalaispojan tilanne. Seitsemänvuotiaana hän luki yleensä kirjoja ja viihdytti itseään jollain tavoin. Yllätyin nähdessäni hänet erään Mysoressa pidetyn ohjelman aikana väkijoukossa tarjoamassa vettä seuraajille. Hän kantoi laseja ja vesikannua liikkuen hitaasti käytävillä tarjoten iloisesti vettä janoisille, niin kuin toinen täysikasvuinen vapaaehtoinen, jolle tämä seva oli osoitettu. Amman ja hänen seuraajiensa läheisyyden vaikutuksesta hänen nuoressa mielessään oli kehittymässä halu palvella muita.

Monet tulevat Amman luo ilman, että ovat koskaan ymmärtäneet, mistä elämässä on kyse ja miksi he ovat olemassa. Yhteydestä Ammaan heidän elämän arvonsa ja halunsa ovat muovautuneet uudelleen, antaen heille onnellisen ja merkityksellisen olemassaolon.

Ollessamme Münchenissä pitämässä ohjelmaa salissa, joka sijaitsi lähellä kuuluisaa juoma-aluetta, kompuroi juopunut mies sisään kadulta satuttuaan vain kulkemaan ohitse. Hän ei juopumukseltaan oikein kyennyt ymmärtämään mitä oli tapahtumassa. Amma oli kuitenkin äärimmäisen viehättävä miehen kanssa antaessaan hänelle darshanin ohjelman lopuksi. Seuraavana iltana mies ilmestyi jälleen, siistittynä ja selvin päin, innokkaana kokemaan toisen annoksen Amman jumalallista rakkautta, paljon väkevämpää sekoitusta, kuin mitä hän oli koskaan ennen maistanut. Nykyään hän ei jätä yhtäkään Amman ohjelmaa Saksassa väliin ja tulee joskus Intiaankin viipyäkseen ashramissa muutaman kuukauden.

Pyhä Matka

Joillekin matka Intiaan tapaamaan Ammaa on raskas, ilmasto ja kuumuus, ruoka ja väen paljous ovat taakka heidän kehoilleen. Tuntematon kieli, tavat ja perinteet ovat heille vaikeita ymmärtää. He ovat kuitenkin valmiita käymään lävitse millaisen vaikeuden tahansa saadakseen maistaa jälleen Amman rajatonta rakkautta.

Italialaisella kahdeksankymmentävuotiaalla miehellä oli monien vuosien ajan tapana tulla Pohjois-Intian kiertueille, sillä hän sanoi pitävänsä niitä hyvin vahvistavina. Jopa uuvuttavista bussimatkoista ja pitkistä ohjelmista huolimatta, hän sanoi saavansa kiertueista enemmän energiaa. Jotkut nuoremmat pitivät niitä paljon väsyttävämpänä kuin hän. Hän oli kuitenkin niin antautunut kiertueella vastaan tuleville asioille, että kykeni löytämään iloa ja innostusta lähes kaikissa tilanteissa.

Jotkut saattavat ymmärtää väärin antautumisen merkityksen henkisessä elämässä. He saattavat ajatella sen tarkoittavan heikkoutta, ohjeiden ja sääntöjen sokeaa seuraamista. Kukaan ei kuitenkaan yritä tehdä meistä orjia. Itse asiassa, olemme jo omien kiintymystemmeja tapojemme orjia ja tämä aiheuttaa meille suurta surua. Jos opimme luopumaan kiintymyksistämme, ohjaa Amma meitä koko matkan tiellä vapauteen. Monien ensimmäinen askel on oppia irti päästämisen taidetta, päästämään irti egoistisesta otteesta elämään ja hiljalleen päästämään irti kiintymyksistä ja odotuksista. Pyyhkiäksemme pois meitä sitovan ja orjuuttavan epäitsekkyyden, tulee meidän pyrkiä kehittämään rakkauden ja myötätunnon ominaisuuksia, joiden ruumiillistuma Amma on. Amma yrittää osoittaa meille kuinka tehdä itsemme vapaiksi, aidosti vapaiksi. Tämä on meille omin voimin hyvin vaikeaa, mutta Amman armosta kaikki on mahdollista.

Meidän tavallisten ihmisten katsoessa toisiamme, on meillä taipumusta nähdä vain toisten egon rumuus. Mutta suurten pyhimysten, kuten Amman katsoessa meitä, he näkevät vain sisällämme lepäävän jumaluuden. He näkevät sielumme puhtauden ja loiston, täydellisyyden ja jumalaisen mahdollisuuden, joka lepää meissä koskemattomana. Saatamme katsoa toisiamme ja nähdä vain palan kalliota, mutta Amma näkee meidät pieninä timantteina. Aivan niin kuin timantit tarvitsevat kiillotusta karkeiden reunojen poistamiseen, tulee meidänkin käydä lävitse kiillotusvaihe.

On Amman tehtävä saattaa loppuun tämä tapahtumasarja. Hän sanoo, että hänen ei itse asiassa tarvitse tehdä meille paljoakaan. Hän vain laittaa kaikki yhteen ja muu tapahtuu automaattisesti. Näyttää siltä, että meillä kaikilla on oma pikku tapamme hioutua toisia vasten ja luoda kitkaa, ja tässä on kaikki mitä tarvitaan meidän karkeiden reunojemme hiomiseen. Kaikki mitä hänen tarvitsee tehdä, on painaa nappi aloittaakseen tapahtumasarjan. Ja Amma todella tietää kuinka nappejamme painellaan!

Emme useinkaan kykene näkemään muutosta itsessämme, mutta toiset saattavat huomata eron. Saatamme katsoa maahan rannalla kävellessämme emmekä oivalla kuinka kauas olemme tulleet, ennen kuin saavutamme määränpään. Katsoessamme silloin taaksemme on meidän vaikea uskoa matkaa, jonka olemme kulkeneet. Samalla tavoin meidän tulisi pyrkiä muuttumaan, vaikka emme välittömästi kykenisi näkemään mitä olemme aiemmista ponnisteluistamme saavuttaneet.

On joitain ihmisiä, joiden elämä muuttuu välittömästi heidän tavattuaan Amman. Toiset seuraajat ajattelevat vuosien mittaan hitaasti luopuvansa niistä asioista joihin he ovat maailmassa kiinnittyneet. Jotkut Intiassa Amman ashramissa vierailleet oivaltavat kotiin palatessaan, että asiat jotka aiemmin olivat tyydyttäviä, eivät ole sitä enää. Ehkä he lopettavat elokuvissa käynnin tai alkoholin juomisen. He valitsevat seuransa paremmin ja viettävät enemmän aikaa toisten satsangiin osallistuvien seuraajien kanssa.

Monille Amman darshan oli alun perin se, joka liikutti heitä syvästi ja aloitti muutosprosessin. Eräs nainen kuvailee huomanneensa vuosien varrella tulleensa enemmän sinuiksi itsensä kanssa ja että hänen on helpompi olla ihmisten seurassa. Hitaasti hän on tullut palveluhenkisemmäksi oivallettuaan, että Amman darshanin jälkeen lähimpänä Jumalaa hän voi tuntea olevansa tehdessään epäitsekästä palvelutyötä. Vaikka muutokset ovat olleet hitaita, tuntuu hänestä, ettei ole muuta suuntaa kuin eteenpäin, kohti henkisempää elämää.

Tämä hidas henkisyyden avautuminen on pitkäkestoisempi kuin äkillinen muutos. Ihmisten liikkuessa eteenpäin liian nopeasti, on heillä taipumusta palata takaisin vanhoihin tapoihinsa, koska vasanat ovat liian syvällä ja lujassa päästäksemme niistä kerralla eroon. Susi saattaa ilmoittaa, ettei se enää ulvo kuuta ja onnistuu pitämään sanansa kokonaisen kuukauden, kunnes täysikuu ilmestyy jälleen!

Tuhannet ovat tulleet Amman luo, kokeneet hänen Jumalallisen rakkautensa, ja kehittäneet täysin uuden tavan katsoa elämää. Heidän elämänsä on todella muuttunut. Siinä kylässä, jossa Amma kasvoi, olivat lukuisat kyläläiset varhaisina vuosina ashramia vastaan, mutta tänään he ovat vahvoja tukijoita. Jopa Amman langot olivat aluksi ashramia vastaan. Mentyään kuitenkin naimisiin Amman sisarten kanssa, on heistä kasvanut eräitä Amman horjumattomimmista kannattajista.

Eräällä sveitsiläisellä naisella oli jaettavanaan liikuttava kokemus Amman kohtaamisesta. Hän oli kärsinyt syvästä masennuksesta ja lopulta päätynyt psykiatriseen sairaalaan. Seuraavana vuonna hän tapasi Amman ja otti mukaansa pitkän listan kysymyksiä toivoen, että Amma poistaisi sairauden. Amma vastasi vain, että hänen tulisi meditoida kymmenen minuuttia päivittäin. Naisesta tuntui, ettei hänellä ollut siihen voimia. Kolme kuukautta myöhemmin hän pystyi lähtemään sairaalasta, mutta hänellä ei ollut juurikaan toivoa päästä sairautensa yli.

Vaikka hänelle oli selvää, että Amma oli Mahatma, tunsi hän jopa Amman olevan kykenemätön auttamaan häntä pääsemään ylitse kamalasta masennuksestaan. Hän tunsi olevansa sairauden tuomitsema, olevansa kuin vankilassa ilman pakotietä. Hänen sisarensa kysyi Ammalta mitä muuta hän voisi tehdä tätä auttaakseen. Amma vastasi: "Kerro sisarellesi, että hän on Amman suojeluksessa."

Sairaudestaan huolimatta nainen liittyi yhdeksänkymmentävuotiaan äitinsä seuraan laminoimaan valokuvia ja tarroja, joita tehtiin myyntiin. Hiljalleen hän alkoi tuntea tyytyväisyyttä siitä, että kykeni auttamaan toisia tämän epäitsekkään palvelun kautta.

Seuraavan vuonna Amman vieraillessa kiertueella naisen kaupungissa liittyi hän Amman seuraan kävelläkseen ympäri aluetta sisarensa talossa, jossa Amma asui. Kävelyn aikana Amma istui alas pienelle puiselle jalustalle meditoidakseen ja nainen istui toisten seuraan joen viereen. Veden kuplintaa kuunnellessaan hän tunsi yhtäkkiä raskaan taakan hänen hartioiltaan lentävän pois veden mukana. Seuraavana yönä hän sai toisen voimakkaan kokemuksen palatessaan aikaisin aamulla ohjelmahallista. Amma ohitti hänet portaissa ja kosketti hänen kättään. Amman fyysisen kosketuksen kautta hän koki sekunnin murto-osan ajan, että *Amma on Totuus*. Hän tunsi syvällä

sisällään olevansa Jumalan hyväksymä eikä tuomitsema, niin kuin oli aina ajatellut.

Tästä naisesta tuntui, että Äiti oli työskennellyt hänessä sisältä käsin. Ehkä se oli palvelutyö, joka toi parantumisen armon. Amman armosta hän kykeni lopettamaan masennuslääkkeiden syömisen ja oli vakuuttunut Amman IAM meditaation auttavan häntä säilyttämään sisäisen tasapainonsa. Hän on vapautunut vakavasta masennuksestaan, joka täytti pimeydellä niin monia vuosia hänen elämästään. On kuin hän olisi saanut toisen tilaisuuden elämässään.

Tullessamme Amman läheisyyteen ja alkaessamme kaivata yhdistymistä häneen, kaikki sisällämme oleva, joka ei ole harmoniassa hänen jumalallisen rakkautensa kanssa ja täysin puhdasta, alkaa luonnollisesti tulla esiin. Silloin se voidaan joko poistaa tai muuttaa paremmaksi. Vain tullessamme tietoisiksi heikkouksistamme, voimme aloittaa tietoisen työskentelyn niiden muuttamiseksi.

Amma on antanut kaikille uuden alun. Antamalla ymmärryksen siitä mikä elämän päämäärän todella tulisi olla, Amma on aloittanut rakkautensa voiman avulla, näytteen merkityksellisen elämän elämisestä missä ikinä olemmekaan maailmassa. Hän tarjoaa oman elämänsä meille täydelliseksi esimerkiksi hyvistä ominaisuuksista, joita pyrkiä omaksumaan ja jäljittelemään. Amma innoittaa monia miljoonia ympäri maailmaa auttamaan, rakastamaan ja palvelemaan ihmiskuntaa.

Ihmisissä tapahtuvu muutoksia kuin toukassa, joka kehrää kotelonsa. Se säilyy suojassa sisällä jonkin aikaa, murtautuen sitten värikkäänä perhosena ulos kuorestaan levittämään kauneuttaan ja ihmettään ympäri maailmaa. Amma muuttaa lapsensa tällaisiksi kauniiksi perhosiksi. Amman rakkauden kotelo, joka on kietoutuneena meidän jokaisen ympärille, ravitsee meitä ja luo ihmeellisiä muodonmuutoksia, kunnes meidät vapautetaan maailmaan ihailemaan hänen luomakuntansa kauneutta.

Voitko kuvitella iloa Amman kasvoilla hänen seuratessaan perhostensa räpyttelyä ympärillään, valkoisen sarin lentäessä hennosti tuulessa? Hymyillen ja nauraen hän riemuitsee luotuaan näin kauniita perhosia ajamaan pois maailman surut ja lisäämään jälleen yhden hienostuneen ripauksen luomakuntaansa.

Kuinka kaipaankaan pitäytyä kauniiseen muotoosi,
Mutta vain vilauksestasikin
On epäpuhtaiden silmieni langettava.
Lootussilmäsi
Täynnä rakkautta ja myötätuntoa,
Sulattavat itkevän sydämeni.
Unelmani Sinusta
On ainoa johon pitäytyä,
Niin lähellä,
Silti niin kaukana.

Luku 16

Kehojen, mielien ja sielujen uudistaminen

> *"Jumalallinen sanoma on piilee aina kaikkien negatiivisilta vaikuttavien kokemusten taustalla, joita elämässämme käymme lävitse. Meidän tulee vain katsoa syvälle ja sanoma paljastuu. Yleensä katsomme asioita vain pinnallisesti."*
>
> *Amma*

Aasiassa joulun jälkeistä päivää vuonna 2004, jolloin tsunami iski Kaakkois-Aasiaan ja Intiaan kutsutaan mustaksi sunnuntaiksi. Elämä muuttui kertaheitolla, eikä mikään enää tule olemaan samanlaista. Rikkoutunut koti voidaan rakentaa uudelleen, mutta kuinka jälleenrakentaa rikkoutunut elämä? Kun avuttomana on seurannut elämän katoavan aivan silmiensä edessä, kuinka voisi säilyä samanlaisena? Tuhansia rannikkokylien ihmisiä menetti henkensä. Lukemattomat muut menettivät valtavissa hyökyaalloissa kotinsa, itse asiassa kaiken mitä heillä oli. Useimmilla ashramin lähistöllä asuvista oli hyvin vähän alun perinkään, nyt heillä ei ole mitään. Monet kylien vanhemmista menettivät lapsensa, vaikka tekivät kaikkensa pitääkseen heitä käsivarsillaan meren syöksyessä maalle. Tulvavesi oli liian voimakas ja lapset huuhtoutuivat sen mukana. Kuinka voit kohdata maailman jälleen nähtyäsi oman lapsesi huuhtoutuvan käsivarsiltasi?

Kuulimme tarinoita ihmisiltä, jotka seurasivat avuttomina, kun yksi tai useampi heidän perheensä jäsenistä hukkui. Eräs mies piteli kiinni isästään, mutta menetti otteensa ja hänen oli seurattava isänsä painuvan pinnan alle, aivan silmiensä edessä. Hän ei ole koskaan enää tule olemaan entisensä. Eräs nainen valitti heidän olevan kykenemättömiä nukkumaan öisin, sillä asettuessaan makuulle palaa tulva näkymä heidän mieliinsä tuoden tullessaan tuskallisen päänsäryn. On niin monia sydäntä särkeviä tarinoita menetyksestä, ja koko yhteisö on surrut laajalle levinnyttä kärsimystä, ei vain täällä Intiassa, vaan myös muissa maissa.

Amma oli varoittanut kesäkiertueen 2003 aikana, että vuonna 2005 saattaisi tulla maailmanlaajuinen katastrofi. Hän sanoi kuitenkin, ettemme voisi tehdä muuta kuin rukoilla. Ashramin astrologi oli huomauttanut minulle vain päivää aiemmin, että joulukuun 26. olisi vaikean vaiheen alku. Kummallakaan meistä ei ollut mitään käsitystä sitä, miten vähättelevä tämä lausunto olisi. Jopa tsunamipäivän aamuohjelman aikana Ammalla oli pahaenteinen tunne, että jotain pahaa tulisi tapahtumaan. Hän yritti kiihkeästi lopettaa darshanin nopeasti. Eräs brahmachari oli kertonut hänelle oudosta merivesien vetäytymisilmiöstä. Amma tiesi veden tulevan takaisin, ja niin hän ohjeisti kaikki kulkuneuvot siirrettäväksi sisämaahan rannan läheisyydestä. Lukemattomia ashramin kulkuneuvoja, busseja, seuraajien autoja, yhteensä noin 200, säästyi Amman harkinnan ansiosta. Amma oli myös neuvonut, että kaikki meren rannalla sijaitsevan Ayurvedarakennuksen alimmassa kerroksessa olevat tulisi siirtää ylempiin kerroksiin.

Yhtä pian kuin Amma oli antanut ohjeensa, ulottuivat nousuvedet aivan ashramin muurien ulkopuolelle. Amma alkoi jakaa ohjeita siitä kuinka toimia vaaraan edessä. Hän sanoi, että sähköt tulisi katkaista ja että läheistä kaupunkia tulisi neuvoa kääntämään koko saarelle sähköä toimittava muuntaja pois päältä, säästääkseen ihmiset sähköiskujen vaaralta. Ennen pitkää vuolaat vesivirrat pyyhkäisivät läpi ashramin, nousten ainakin vyötärön korkeudelle ja paikoittain korkeammalle. Veden alkaessa laskea, Amma kahlasi läpi synkän tulvaveden. Hän kartoitti tilanteen ja alkoi johtaa vieraiden, asukkaiden ja paikallisten ashramista turvaa hakeneiden evakuointia.

Takavesien toisella puolen olevista Amman tietotekniikan instituutista AITEC:sta ja insinöörioppilaitoksesta tuli turvaleiri tuhansille ihmisille, jotka olivat menettäneet kotinsa. Vastarakennetusta Ayurveda oppilaitoksesta tuli hätäkeskus niille kyläläisille, jotka olivat kadottaneet perheenjäsenensä ja sairaala loukkaantuneille. Lisäksi kaikki Amman koulut toimivat hätäsuojina. Amma huolehti siitä, että ruokaa tarjottiin tuhansille tsunamista kärsineille ja kaiken menettäneille kyläläisille järjestettiin vaatteiden jakelu. Amma vieraili paikallisten luona lohduttamassa heitä tämän korvaamattoman menetyksen hetkellä.

Tulvan jälkeen Amma varmisti lastensa turvallisuuden joka hetki, mukaan lukien eläinlastensa. Kaikkien evakoinnin jälkeen ilmoitti Amma päättäväisesti, ettei poistuisi ashramista ennen kuin norsut ja lehmät olisi viety turvaan. Peläten vesien nousevan uudelleen hän varmisti, että eläimet olisivat turvassa temppelirakennuksessa, joka alkoi näyttää vähän Nooan arkilta! Amma lähti vasta samana iltana puolenyön jälkeen, kun lehmät oli tuotu temppeliin turvaan ja norsut talutettu puolentoista tunnin päähän ashramista sisämaahan.

Amman tullessa takavesien toiselle puolen huomasimme hänen huuliensa olevan kuivat. Hän oli kieltäytynyt juomasta kulaustakaan vettä koko päivänä. Kuinka hän voisi juoda, kun niin monet olivat kuolleet? Tuhon jälkeen Amma käveli useita päiviä paljain jaloin. Ashramista lähdöstään asti ja takavedet ylitettyään ja vielä tehdessään vierailuja ympäri aluetta ja instituutteihin pystytettyjä pelastusleirejä, kieltäytyi hän käyttämästä sandaalejaan.

Tulvaa seuranneeseen varhaiseen aamuun asti Amma kertoi väsymättä tarinaa tsunamista uudelleen ja uudelleen kaikille seuraajille, jotka soittivat ashramiin huolestuneina siellä olijoista. Eräs brahmachari, joka asuu koulussa toisessa osavaltiossa sanoi, että vasta kuultuaan Amman kertovan päivän yksityiskohdat ja tapahtumat, hänen mielensä kykeni rauhoittumaan. Amma tiesi tämän ja näki siksi niin paljon vaivaa antaakseen kaikille huolestuneille vähän mielenrauhaa.

Seuraajat osoittivat evakuoinnin aikana sisäistäneensä Amman opetuksen kiinnittymättömyydestä ja luopumisesta. Useimmilla vierailijoista ja asukkaista ei ollut evakoituessa mukanaan mitään muuta kuin päällään oleva vaatekerta. Ei makuualustaa, peittoa tai edes hammasharjaa. Ihmiset huomasivat kuitenkin tulevansa toimeen hyvin ilman tavallisia henkilökohtaisia tavaroitaan. Kaiken menettäneiden ajatteleminen teki helpommaksi olla kiitollinen laukussa olevista vaatteista ja turvallisesta kuivasta nukkumapaikasta.

Ihmiset kaikkialta maailmasta avasivat sydämensä vastatakseen niin monia kohdanneeseen kärsimykseen. Amman keho, mieli ja sielu itkivät näiden ihmisten puolesta. Hän tarjosi rahallisen tuen lisäksi fyysistä helpotusta sekä lohtua heidän sydämilleen ja sieluilleen. Amma pyysi kaikkia liittymään rukoukseen niin elävien kuin niidenkin puolesta, jotka oli pyyhkäisty pois maan päältä tänä tragedian hetkenä.

Eräs nainen Chennaista kertoi meille tarinan. Hän sanoi nähneensä televisiosta köyhän naisen ja tämän pojan odottavan nälkäisinä ruokajakelua. Ruokaa jakavan rekan vihdoin saapuessa heille ojennettiin ruokapaketteja. Naisen kasvoilla olevasta ilmeestä päätellen paketista tuli pilaantunut haju. Vaikka he olivat äärimmäisen nälkäisiä, ei hän kyennyt syömään haistaessaan pilaantunutta ruokaa. Joten hän ja poika laittoivat ruokapaketin vastentahtoisesti puun alle. Koira saapui paikalle ja haistoi tätä pakettia ja jopa se kieltäytyi syömästä sitä. Tätä ruoan pilaantumista tapahtuu tropiikissa usein silloin, kun kuuma ruoka pakataan ennen sen jäähtymistä.

Pelastustyöntekijät yrittivät auttaa, mutta valitettavasti he eivät olleet Amman kaltaisen henkilön valvonnan alaisia joka rakastavasti varmisti, ettei ihmisille tarjoiltavaa ruokaa ollut pakattu vaan se tarjoiltiin tuoreena ja kuumana suurista suoraan keittiöstä tuoduista astioista.

Vain Amma todella tuntee surullisten sydämet. Vaikka saatamme usein ajatella lohdutuksen sanoja, joita voisimme ihmisille tarjota, ei niillä ehkä ole sen syvempää vaikutusta heihin. Vain yksi huolehtiva kosketus Ammalta, ehkei edes yhtään puhuttua sanaa, tai hiljaisesti valuva kyynel hänen pitäessä heitä lähellään, on tarpeeksi hälventämään osan heidän surustaan.

Äiti oli niin järkyttynyt niiden ihmisten tilanteesta, joilla ei ollut mitään, että vietti yhtenä yönä tunteja ommellen alushameita kylän naisille. Hän on sittemmin lahjoittanut ompelukoneita ja tarjonnut koulutusta naisille räätälöinnin oppimiseksi, jotta heillä voisi olla jonkinlainen tulonlähde tulevaisuudessa.

Vaikka ashram ei kärsinyt rakenteellisia vahinkoja, virtasi eltaantunut vesi ja muta kaikkiin alimman kerroksen toimistoihin ja varastohuoneisiin. Kaikki työskentelivät yhdessä suurella rakkaudella, innolla ja antaumuksella, pelastaakseen raunioista sen minkä kykenivät.

Kaikki ashramin asukkaat ja vierailijat auttoivat kylän pelastustoimissa. Yksi keittiössä jatkuvasti työskennellyt vanhempi saksalainen mies sanoi: "Ainoa rukoukseni on saada tehdä jotain hyödyllistä toisille. Olen surullinen vain siitä, että olen nyt vanha mies ja olisin voinut tehdä niin paljon enemmän auttaakseni jos olisin nuorempi." Intialaiset seuraajat lähettivät rekkalasteittain vaateita lahjoitettavaksi kotinsa menettäneille kyläläisille. Naiset työskentelivät päiväkausia lajitellakseen ja viikatakseen vaatevuoret.

Ashramin väliaikainen suoja oli melkein valmis neljän päivän päästä siitä, kun tsunamin uhrit oli päätetty uudelleensijoittaa. Asukkaat ja muut auttajat työskentelivät yötä päivää yrittäen saada nämä suojat niitä tarvitseville ihmisille. Rakennustyöstä vastuussa oleva brahmachari työskenteli väsymättä. Amma soitti hänelle joka toinen tunti läpi yön tarkistaakseen työn edistymisen. Hän oli aina paikanpäällä valvoen yötäpäivää saadakseen rakennukset valmiiksi. Ashram sai viidessä päivässä valmiiksi yhdeksän isoa suojaa.

On vaikeaa kuvailla sitä rakkautta, jolla Amman seuraajat työskentelivät. Asenne, jolla he tekivät toimensa on jotain, jonka voi ymmärtää oikeastaan vain toinen seuraaja. Vain materiaalista nautintoa etsivät ihmiset eivät koskaan voi ymmärtää sellaista rakkautta, jolla nämä vapaaehtoiset tekivät työnsä.

Vielä kuukausia tsunamin jälkeen Amman ashram jatkoi ruoanjakelua 27.000:lle ihmiselle kolme kertaa päivässä, sekä Keralassa että Tamil Nadussa. Hän vaati, että pakolaisten tuli syödä ensin, ja vasta sitten ashramin asukkaat söisivät.

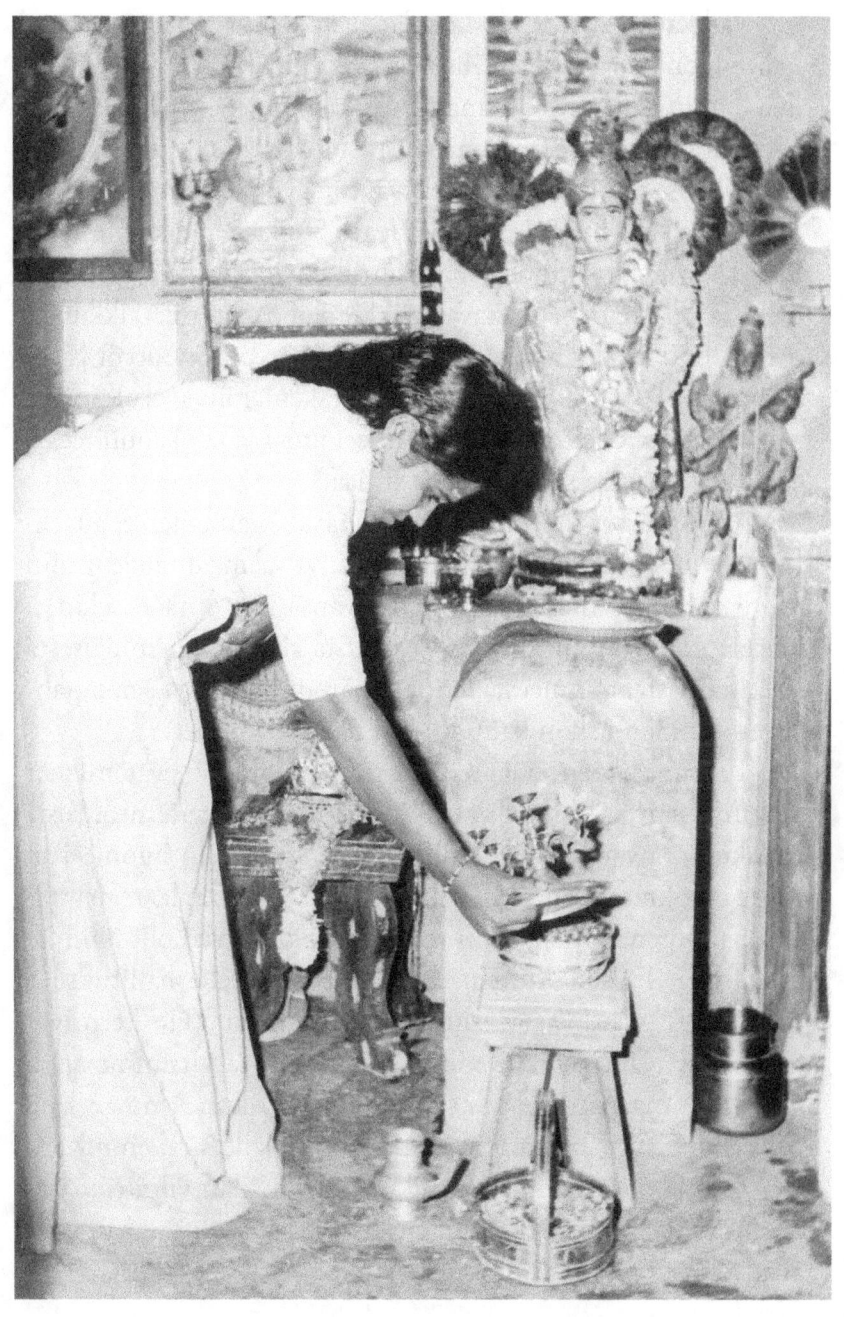

Pyhä Matka

Vaikka Keralan rannikkokylät eivät koskaan enää palaa ennalleen, on heillä Amma lähellään, joka pitää heistä huolta. Yhden toimittajan kysyessä Ammalta kuinka hän kykeni lupaamaan 17 miljoonaa euroa tsunami avustustyöhön Etelä-Intiassa, hän vastasi: "Ashramin asukkaat tekevät töitä yötä päivää, eivätkä he ota palkkaa tekemästään työstä. He tekevät kaiken rakennustyön itse ja käyttävät sujuvasti maansiirtokoneita. Alihankkijoita ei ole. Brahmacharit valmistavat kaikki materiaalit, tiilet, ikkunat, ovet ja huonekalut. Teemme kaikki sähkötyöt, putkityöt ja rakenteelliset työt itse. Tämän kaltainen rakentaminen ei ole meille mitään uutta. Olemme vuosia tehneet ilmaisia taloja puutteessa eläville 47 kohteessa eri puolilla Intiaa."

Amma jatkoi sanomalla, että oli täysin seuraajien epäitsekkään työn ansiota, että hän oli kyennyt saamaan aikaan niin monia asioita. Amma ei väitä tekevänsä itse mitään. Hän ei koskaan ole sanonut niin. Aivan alusta alkaen, ensimmäisestä suorittamastaan ihmeestä lähtien, hän on väittänyt sen tapahtuvan muiden uskon kautta. Niin nöyrä hän on.

Tulvan jälkeen eräät Gujaratista kotoisin olevat miehet saapuivat auttamaan pelastustyössä. He olivat keränneet riisiä ja lukuisia tavaroita kyläläisille, mutta surukseen huomasivat rekan vuokraamisen niiden kuljettamiseksi Keralaan maksavan paljon enemmän, kuin mitä tavaroiden arvo oli. Niin he lahjoittivat kaiken Amman nimissä paikalliselle hallitukselle ja päättivät matkustaa ashramiin auttamaan. He kertoivat Ammalle: "Olit paikalla meitä varten kun tarvitsimme apua Gujaratin maanjäristyksen sattuessa, ja nyt kun Amman kylä on tuhoutunut, haluamme auttaa sinua jälleenrakennuksessa." Amma oli äärimmäisen liikuttunut heidän vilpittömästä eleestään, ja lähetti heidät rakennustyömaalle auttamaan väliaikaisten suojien rakentamisessa.

Tsunamin aikaan yli 15.000 ihmistä oli kokoontuneena ashramiin, aivan rannikon tuntumaan, Amman armosta kukaan ei kuitenkaan loukkaantunut. Vaikka satojatuhansia ihmisiä sai surmansa tsunamissa, monet säästyivät ja heidän kertomuksensa paljastavat yksin armon pelastaneen heidät.

Eräs Englannista Thaimaassa perheensä kanssa lomalla ollut koululainen pelasti satoja ihmisiä. Hän oli juuri opiskellut koulussa tsunameista ja tiesi katsottuaan meren vetäytyvän, että heillä oli noin kymmenen minuuttia aikaa, ennen kuin voimakas aalto iskisi rannikkokylään. Hän kertoi tästä äidilleen ja koko alue evakuoitiin. Lukemattomia henkiä säästyi yhden pienen pojan ansiosta.

Viisivuotias indonesialaispoika oli leikkimässä kotonaan tsunamin iskiessä ja sen pyyhkäistessä hänet kauas merelle. Hän selvisi kaksi päivää patjalla ajelehtien. Hän sanoi, ettei ollut pelännyt, koska oli tottunut leikkimään vedessä, vaikka hänellä olikin ollut äärimmäisen kylmä. Lopulta kalastajat pelastivat hänet. Armo todella pelasti hänet.

Eräs mies yhdeltä Nikobarin saarista joutui voimakkaiden vesimassojen alle. Kun hän huuhtoutui takaisin maalle, oivalsi hän olevansa kylänsä ainoa pelastunut ihminen. Hän eli kaksikymmentäviisi päivää kookospähkinöillä, kunnes armeija pelasti hänet. Toisilla saarilla ihmiset olivat selvinneet näin yli neljäkymmentäviisi päivää.

Mitään ei tapahdu sattumalta. Luonnonkatastrofien sattuessa tai sellaisissa tapauksissa kuin World Trade Centerin isku, on näiden ihmisen kohtalo olla tällä paikalla silloin ja heidän karmansa jättää kehonsa silloin. Keho saattaa tuhoutua, mutta Atman säilyy ikuisesti.

Eräs toimittaja kysyi Ammalta oliko tsunami viesti Luonto Äidiltä. Amma vastasi luonnon kertovan meille, ettei häntä tulisi riistää. Mutta jo pian tsunamin jälkeen kaikki teeskentelevät taas nukkuvansa toimimalla entiseen malliin, mikä osoittaa ettemme ole oppineet tätä läksystä. Lisää tulee ehkä tapahtumaan, koska emme ota opiksemme luontoäidin sanomasta. Amma sanoo: "Mitä tahansa koemme nyt on menneiden tekojemme seurausta. Tekemällä oikeita tekoja nykyhetkessä, voimme tasoittaa tietä paremmalle huomiselle. Ei ole syytä murehtia menneitä. Sen sijaan, voimme yrittää jakaa eloonjääneiden surun. Meidän tulee sytyttää rakkauden lamppu sydämiimme ja ojentaa auttava kätemme kärsiville."

Tällä pienellä kalalla oli tapana uida harhan meressä.
Surun aallot raivosivat lakkaamatta
Syvien pimeiden vesien pinnalla,
Mutta Sinä tarjosit suojan
Keskellä myrskyisää merta,
Luolassa jota asutat.
Sinne kurjuus ei voinut astua,
Ja se tarjosi pakopaikan yksinäisille kadotetuille sieluille.
Tyytyväisenä etsin suojaasi
Ja sinä otit minut sisään rakastavalla myötätunnollasi
enää en kaipaa uida harhan meressä
Tuntiessani tyynen suloisen suojan
Sinun kanssasi aina odottavan.

Luku 17

Sisäisen vahvuutemme herättäminen

*"Rakkaus ja kauneus ovat sisälläsi.
Pyri ilmaisemaan niitä tekojesi kautta ja
tulet totisesti koskettamaan autuuden lähdettä."*
Amma

Noin viisitoista vuotta sitten tapahtui jotain, joka on edelleen kirkkaana mielessäni. Meitä oli muutamia istumassa huoneessa Amman kanssa hänen kääntyessä puoleeni ja alkaessa laulamaan muutamia säkeitä eräästä laulusta. Eräät huoneessa olevista brahmachareista kääntyivät katsomaan kenelle Amma lauloi. Koska puolet heistä hymyili ja puolet näytti surulliselta, olin hyvin utelias kuulemaan mitä laulun sanat tarkoittivat.

Karkeasti käännettynä laulun sanat tarkoittivat: "Koska synnyit naiseksi, on sinun kohtalosi itkeä." Olen aina muistanut tämän. On ollut naisten kohtalo kärsiä läpi historian, jopa aivan luomakunnan alusta alkaen, joko toisten käsissä tai omasta mielentilastaan johtuen. Amma tietää hyvin sen tuskan ja kärsimyksen, joka naisten on täytynyt kestää. Hän on päättänyt naisten saaneen kärsiä tarpeeksi ikimuistoisista ajoista lähtien. Ylittääksemme tämän kärsimyksen, tulee meidän löytää sisäinen voimamme henkisestä itsestämme, joka sallii meidän ilmentää täydesti sisäisiä jumalallisia ominaisuuksiamme.

Vuosien saatossa Amma on kutsuttu puhumaan useisiin konferensseihin. Ei ole hänen tapansa tyrkyttää opetuksiaan. Hän sanoo, että tieto täytyy vetää hänestä ulos. Ja niin kuin kohtalo halusi, Amma kutsuttiin puhumaan uskonnollisten ja henkisten naisjohtajien maailman rauhan aloitteeseen YK:ssa Genevessä. Hänen puheensa, *Universaalin äidillisyyden herääminen,* perustui hänen kokemukseensa tukahduttavassa yhteiskunnassa kasvamisesta. Puheessaan Amma rohkaisi naisia kehittämään sisäisiä myötätunnon, kärsivällisyyden ja ymmärryksen ominaisuuksiaan ja herättämään jälleen nämä ominaisuudet, jotka uinuvat jokaisen naisen sisimmässä. Amma kutsui naisia heräämään ja toimimaan sitä kärsimystä vastaan, joka heille oli periytynyt niin monia vuosia.

Amma kasvoi ympäristössä, jossa oli monia ankaria ja tiukkoja sääntöjä tytöille, mutta hän ei sallinut näiden lannistavien tapojen vaikuttaa itseensä. Amman äidillä oli tapana kertoa hänelle, että maan ei tulisi edes tuntea naisen askelta, ja että seinien ei tulisi kuulla hänen puhuvan. Kun perheellä oli vieraita, tyttöjen oli pysyteltävä huoneissaan, sillä vieraiden ei tulisi nähdä tai kuulla heitä. Vaikka Amma oli pidempi kuin nuoremmat veljensä, tuli hänen seistä heidän astuessa huoneeseen.

Huolimatta tiukasta kasvatuksesta ei Amman sisäinen vahvuus koskaan vähentynyt. Itse asiassa vaikeudet tekivät hänet vahvemmaksi ja auttoivat häntä kehittämään syvempää myötätuntoa ja ymmärtämään kuinka suuri osa maailman naisista eli. Huolimatta perheeltään saaduista rangaistuksista, piti Amma tiukasti kiinni sitoumuksestaan yrittää auttaa puutteessa olevia. Ajan kanssa hänen perheensä oivalsi, että

Amman sisäinen vahvuus ei horjunut koskaan, sillä se oli himmentymästä kieltäytyvä loistava valo, joka jakoi kirkkauttaan helpottaakseen ympärillään olijoiden kärsimystä.

Amman puhuessa Genevessä Äitiydestä hän ei pitänyt teoreettisesta puhetta. Hän ilmaisee tätä ominaisuutta elämänsä jokaisena hetkenä. Jopa lapsena hän huolehti perheestään ja naapureistaan. Hänet ensimmäistä kertaa tapaavat ihmiset kertovat toistuvasti kuinka he eivät voi selittää tätä sieluun käyvää vaikutusta, joka Ammalla on heihin. Useat yksinkertaisesti puhkeavat kyyneliin. Sellainen on Amman jumalallisen rakkauden voima. Amma, vain neljänteen luokaan asti koulua käyneenä, on saavuttanut mahdottoman yksinkertaisesti pysyttelemällä "Äitiyden Voiman" keskuksessa.

Eräs mies Amerikasta halusi kerran väitellä joistakin Amman puheen lausunnoista. Hän sanoi, että Amma tuli vain pienestä kylästä ja Pohjois-Intiassa, josta hän tuli, naiset ovat itse asiassa arvostetussa asemassa.

Amma kääntyi hänen puoleensa ja sanoi empaattisesti: "Ajatteletko Amman olevan pikku sammakko pienessä lammessa? Hän on kuin iso sammakko valtameressä!" Amma jatkoi kertomalla miehelle puhuvansa omasta kokemuksestaan, nähtyään yli kolmekymmentä miljoonaa ihmistä viimeisten kolmenkymmenen vuoden aikana, joista yli puolet oli naisia, pyyhittyään heidän surujensa kyyneleet ja yritettyään lohduttaa heitä.

Se miten Amma muuttaa lukemattomia elämiä äitiyden voiman kautta on todellakin ihme. Hän osoittaa koko maailmalle sen toimivan, ja että jos miehet ja naiset työskentelevät yhdessä, niin he eivät ainoastaan palauta yhteiskunnan tasapainoa vaan myös todellisen identiteettinsä aitoina ihmisolentoina. Oivaltaessamme todelliset mahdollisuutemme, löydämme itsestämme kyvyn niin paljon muuhun kuin mitä olisimme koskaan voineet kuvitella. Amman sammumaton rakkaus meihin innostaa meitä saamaan voimaa kurottaa rajoitustemme ylitse ja aloittaa elämään elämäämme epäitsekkäämmin.

Amma tietää meillä olevat kyvyt ja haluaa naisten kykenevän tekemään kaiken itse. Käytännön tasolla Amma haluaa meidän tulevan vahvoiksi ja itsenäisiksi kaikilla alueilla. Ashramissa hän on pyytänyt naisia ottamaan hoitaakseen tehtäviä, joita tekevät yleensä miehet.

Tsunamin jälkeen Amma lähetti monia brahmachariineista auttamaan kylien kunnostamisessa. Tytöt viettivät pitkiä päiviä lapioiden hiekkaa ja siirtäen kiviä ja rojuja. He työskentelivät kuumuudessa vuorokausia yhtä mittaan helpottaakseen toisten kärsimystä.

Amma laittoi kaksi tyttöä vastuuseen yövartioinnista pienen matkan päässä ashramista, missä uusia taloja rakennettiin. Olimme tästä hieman yllättyneitä ajatellen sen olevan työtä, joka ei sopinut naisille. Silti Amma väitti, että hänen tytöillään oli niin paljon rohkeutta, joten miksi heidän ei tulisi tehdä tätä työtä?

Kerran crään Devi bhavan aikana näin brahmacharinin kertovan Ammalle ongelmiaan. Vastauksena hänen ongelmiinsa Amma laittoi tytön näyttämään hauiksensa ja sanoi: "Katso! Sinulla on lihakset, voit tehdä sen!"

Naiset valittavat joskus, että näyttää siltä kuin heidän olisi työskenneltävä paljon kovemmin kuin miesten. Kysyin kerran Ammalta kuinka nainen menettää henkistä energiaansa, sillä mies saattaa menettää sen siemennesteensä kautta. Amma vastasi naisen menettävän henkistä energiaansa ajatustensa ja tunteidensa kautta. Siksi naiset yleensä päätyvät tekemään enemmän fyysistä työtä kuin miehet, jotta he voisivat kanavoida ajatuksensa ja tunteensa positiiviseen suuntaan sen sijaan, että menettäisivät energiansa mielensä ja tunteidensa kautta. Koskaan ennen ei Amman kaltainen olento ole ollut niin tunnettu maailmassa. Kukaan muu kuin Amma ei ole koskettanut niin monia ja osoittanut sellaista harvinaislaatuista rakkautta ja huolta muita kohtaan fyysisen olemuksensa kautta. Ammalla on loputon kärsivällisyys ja myötätunto. Hän jakaa äidin rakkautta ja sitä tämä maailma tarvitsee. Sen rakkauden voima voi olla hitaasti toimiva, mutta se on suurempi ja sisältää enemmän mahdollisuuksia, kuin mikään muu maailmassa. Meidän ei tarvitse synnyttää ymmärtääksemme äitiyttä, sillä Amma kertoo meille sen ytimen olevan rakkaus ja että se on mielen asenne.

Ihmiset kysyvät usein kuinka Amma voi istua tuntikausia ja antaa darshania niin vähällä unella ja ravinnolla. Ammalla on ihmiskeho, mutta hän ei ole tietoinen kehostaan. Kun hän näkee ihmisjoukon kärsivän niin paljon hän sanoo, että hänen on vain jatkettava. Hänen on otettava jokainen vastaan, viimeiseen asti. Amma on kykenevä niin paljoon, koska hän voi ylittää kehon rajoitukset pelkän mielensä voimalla. Hän on meille kaikille esimerkki ja kutsuu meitä koskettamaan sisäistä vahvuuttamme, menemään näkyvien rajoitustemme tuolle puolen.

Amman kiertueaikataulu on äärettömän tiukka. Kenen tahansa meistä on kutsuttava sisäistä voimaamme pysytelläksemme hänen tahdissaan. Yksikään tavallinen ihminen ei kykene ylläpitämään sellaista haastavaa ja vaativaa aikataulua omin voimin. Sen sijaan annamme Amman työskennellä kauttamme. Tällä antautumisella huomaamme pystyvämme ylittämään sen, mitä kuvittelimme ettemme pysty tekemään. Useimmat meistä tuntevat joskus, että meitä työnnetään

Pyhä Matka

äärirajoillemme, mutta sitten huomaamme kykenevämme aina menemään vielä hieman pidemmälle. Usein ihmiset eivät ymmärrä kuinka tai miten voimme tehdä niin paljon. Me tiedämme kuitenkin saavamme voimaa Amman rakkaudesta. Niin kuin äidin kantaessa lastaan yhdeksän kuukautta, saattaa lapsen paino tuntua joskus sietämättömältä, silti äiti antautuu kestämään sen rakkaudestaan.

Viime vuonna Pohjois-Intian kiertueella ollessamme Bhopalissa, matkustimme iltaohjelmaan eikä Amma tuntenut oloaan hyväksi. Itse asiassa hän oli hyvin sairas. Minulla oli hänelle lääkettä, mutta hän kieltäytyi ottamasta sitä. Tietäessämme hänen vointinsa, olimme huolissamme siitä, kuinka hän kestäisi darshanin 100.000 ihmisen odottaessa häntä. Silti hän jatkoi antaen darshania läpi koko yön ja seuraavaan aamuun. Amma innostaa meitä uudelleen ja uudelleen kohoamaan yläpuolelle ja ylittämään sen minkä luulemme olevan äärirajamme.

Titanicista on olemassa kuuluisa tarina. Laivan alkaessa upota, ihmiset ryntäsivät kiipeämään pelastusveneisiin. Yhdessä pelastusveneessä oli liian monia ihmisiä. Joku huusi veneen olevan liian täynnä. Jos edes yksi ihminen ylittäisi laidan vapaaehtoisesti, he kaikki pelastuisivat. Yksi hyvin rohkea mies sukelsi yli laidan ja antoi muille mahdollisuuden elää. Tämä rohkea nuori mies kosketti sisäistä voimaansa ja kykeni uhraamaan elämänsä toisten puolesta. Oivaltaessamme Amman uhraavan itsensä joka päivä kärsivälle ihmiskunnalle, emme voi kuin myös haluta antaa elämämme palvelukselle.

Amritavarshan50 juhlallisuuksien aikana Amma vieraili AIMS:ssa osallistuakseen siellä pidettyyn yritysjohtajien kokoukseen. Konferenssihuoneen pääsisäänkäynnissä oli lattialla yksityiskohtainen kukka-asetelma. Amma on yleensä hyvin varovainen, ettei sotke näitä kuvioita, mutta sinä päivänä hän

katsoi kaikkia ihmisiä, eikä huomannut kukkamandalaa. Huomaamattaan hän käveli sen kulmaan ja jatkoi sitten kävelyään suoraan kohti lavaa.

Istuttuaan lavalle Amma kurotti alas ja veti jalkapohjastaan pitkän ohuen piikin. Hän ojensi sen minulle. Olin järkyttynyt ja tunsin itseni sairaaksi ajatellessani millainen kivun on täytynyt Amman jalassa olla, tietäen kuinka paljon voi sattua kävellessämme vain pieneen piikkiin, saati puolentoista sentin mittaisen paksun piikin upotessa suoraan jalkaamme. Vaikka olin täysin järkyttynyt ajatellessani Amman tuskaa, ei Amma edes räpäyttänyt silmäänsä. Hän jatkoi kutsuvieraiden puheiden kuuntelua ja antoi jopa oman satsangin.

Yritin huomaamatta järjestää, jotta Amman kengät, alkoholituppo ja sidetarpeet tuotaisiin voidakseni vaivihkaa hoitaa haavan tulehduksen estämiseksi. Vaikka pyysin kahta eri henkilöä järjestämään nämä asiat, ei mitään tapahtunut.

Tunnin kestäneen ohjelman jälkeen Amma meni pienempään huoneeseen tapaamaan joitain johtajista ja sain vihdoin hankittua Ammalle alkoholitupon ja sidetarpeet ja kykenin pikaisesti puhdistamaan hänen jalkansa. Yrittäessäni laittaa sidettä Amma otti sen kädestäni, sillä hän alkoi ottaa puhujia darshaniin. Kahdesti yritin ottaa siteen häneltä, jotta hänen kätensä olisivat vapaana, hän ei kuitenkaan antanut minun ottaa sitä. Amma kutsui sitten toiset kolmekymmentä ihmistä dasrhaniin, pitäen yhä sidettä kädessään. Darshanin jälkeen hän käveli suoraan sairaalaan ja pysähtyi joksikin aikaa vierailemaan kuolevan potilaan luona. Kävellessämme läpi sairaalaosastojen Amma pysähtyi hellimään muutamia vauvoja pediatriselle teho-osastolle. Koko tämän ajan hän käveli ilman kenkiään.

Päästyämme vihdoin autolle ja palatessamme syntymäpäiväpaikalle, Amma avasi kätensä, jossa oli pidellyt sidettä viimeisen tunnin ajan. Amma kieltäytyi antamasta kenenkään katsoa jalkaansa, sillä hän ei koskaan ajattele omaa mukavuuttaan. Hän oli liian kiireinen ajatellessaan satojen tuhansien seuraajien tarpeita. Seuraavana päivänä Amman huomasi jalkansa alkavan tulehtua ja päätti ottaa antibiootteja. Hän otti niitä tyhjään vatsaan mikä sai hänet tuntemaan itsensä sairaaksi. Hän antoi kuitenkin darshania yli yhdeksäntoista tuntia, halaten lähes 50.000 ihmistä. Amma kertoi minulle myöhemmin, että yhdessä vaiheessa darshanin aikana hän ei kyennyt näkemään. Hän sanoi näkönsä täydellisesti pimentyneen ja väkijoukon yksinkertaisesi "velloneen" hänen silmiensä edessä. Kukaan ei tiennyt tästä ja silti hän jatkoi tuntikausia ihmisten halaamista.

Mainitsin myöhemmin tytöille, jotka tekivät kukka-asetelman, ettei heidän koskaan tulisi käyttää neuloja, koska ne ovat vaarallisia. He vastasivat etteivät olleet käyttäneet neuloja.

Ajattelen Amman poistaneen näin kaiken mahdollisen negatiivisen, joka olisi voinut tapahtua syntymäpäivien aikana, sillä neljäpäiväinen tapahtuma, jossa oli mukana niin monia ihmisiä, vietettiin ihmeellisesti täysin ilman onnettomuuksia ja loukkaantumisia.

Toimittaja kysyi kerran Ammalta mikä oli hänen menestyksensä salaisuus. Amma ehdotti sen olevan ehkä se, että ihmiset löytävät hänestä sen mikä on kaikkien sisin olemus, mutta joka on heiltä hukassa. Hetken kuluttua Amma sanoi: "Se on Rakkaus." Amma lisäsi vielä: "On kahden tyyppistä köyhyyttä, materiaalista köyhyyttä sekä rakkauden ja myötätunnon puutteesta johtuvaa köyhyyttä. Jos rakkaus ja myötätunto herätetään, silloin myös toisenlainen köyhyys poistuu ajanmittaan."

Amman myötätunto ja rakkaus antavat hänelle voimaa saavuttaa uskomattomia asioita ja vaikuttaa miljoonien elämään ympäri maailman. Myötätunto on rakkauden ilmaus ja sillä on voima poistaa kärsimys. Se kukoistaa todellisen ymmärryksen hedelmänä ja tarjoaa meille voiman tehdä mitä vain.

Kaipaan laulaa Sinulle pitkän surullisen laulun,
Tuoda kyyneleet silmiisi ja sulattaa sydämesi,
Vain saadakseni Sinut itkemään kyyneleen puolestani,
Niin kuin olen itkenyt valtameriä vuoksesi.
Muiston Sinusta tullessa mieleeni,
Kaikki sanat haihtuvat.
Sinä joka ylität kaikki gunat
kuinka voisin siis puhua Sinusta?

Yksikään sana ei voi ilmaista loistoasi,
Yksikään melodia ei voi välittää kauneuttasi.
Olet varastanut kauneuden ja loiston kaikelta olevalta
Ja sisällyttänyt sen Itseesi
Ja olet varastanut myös sydämeni.
Kyyneleeni putoilevat, mutta Sinä säilyt liikkumattomana.

Luku 18

Maanpäällisen taivaan löytäminen

*"Tyytyväisyys ja onni riippuvat yksin mielestä,
eivät ulkoisista kohteista tai olosuhteista.
Mieli luo sekä taivaan että helvetin."*

Amma

Ihmiset ajattelevat usein Jumalan asuvan vain taivaassa, istuen kultaisella valtaistuimella, ja että taivaan voi saavuttaa vain kuoleman jälkeen. Amman mukaan tämä ei kuitenkaan ole totta. Me voimme löytää taivaan maan päällä, juuri tässä ja nyt. Se on kiinni oman mielemme asenteesta. Luomme oman taivaamme tai helvettimme. Amma haluaa meidän kokevan vain taivaan.

Amman toive maailmalle, ja olkoon se myös meidän toiveemme, on kiteytettynä mantraan, *Om Lokah Samastah Sukhino Bhavantu*, (olkoon koko maailma rauhaisa ja onnellinen). Amma on toistanut useita kertoja, että hän haluaa kaikilla olevan katto päänsä päällä. Hän uskoo, että kaikkien tulisi saada edes yksi kunnon ateria päivässä. Kaikkein tulisi saada nukkua yönsä ilman pelkoa. Tämä on Amman unelma.

Halumme saattavat koostua monista eri asioista, mutta Amman toive on täydellisen epäitsekäs ja vain maailman

parhaaksi. Amma on aina elänyt elämänsä täydellisesti pyrkien puhdistamaan ja kohottamaan meitä, innostamaan meitä elämään hyvää elämää. Amma on elävä esimerkki nöyryydestä ja myötätunnosta yhdistettynä ylitsevuotavaan rakkauteen ja ihmiskunnan palveluun.

On ollut uskomatonta seurata Amman työn tulosten kukoistavan vuosien saatossa. Kaikkialla minne Intiassa matkustammekin, voimme nähdä hänen rakkautensa fyysisen ilmentymän erilaisten oppilaitosten, sairaaloiden, talonrakennushankkeiden ja niin monien muiden hankkeiden muodossa, että on mahdotonta mainita niitä kaikkia.

Amman laitokset ovat saavuttaneet mainetta ensiluokkaisesta teknologiastaan ja epäitsekkäistä työntekijöistään. Amma ei kuitenkaan koskaan ota kunniaa ashraminsa rakentamisesta tai kaikista niistä aktiviteeteista, jotka on aloitettu hänen nimissään. Tästä uskomattomasta saavutuksesta kysyttäessä Amma vastaa nöyrästi: "En väitä tehneeni mitään. Henkiset lapseni ovat tehneet kaiken tämän mahdolliseksi. Lapseni ovat rikkauteni, he ovat vahvuuteni."

Amma selittää vielä katsovansa kaiken ashramin menestyksen johtuvan seuraajiensa luopumisesta ja epäitsekkäistä ponnistuksista. Hän ei ole koskaan viettänyt aikaa laskien onko jokin hanke toteutettavissa ennen kuin aloittaa sen. Ihmisten tarpeet ovat ratkaiseva tekijä kaikissa hänen hyväntekeväisyystoimissaan. Kun Amman on tuntenut tarpeen, hän on sitoutunut auttamaan, ja Jumalan armosta asiat ovat aina onnistuneet kun hän on tuntenut innoitusta jonkin hankkeen aloittamiseen.

Amman organisaatio on hyvin tehokas, koska se perustuu hänen seuraajiensa vapaaehtoistyölle. Toisten organisaatioiden kerätessä rahaa avustushankkeisiin, katoaa niistä suurin osa palkkoihin ja hallinnollisiin kuluihin. Tilanne on kuin kaataisi öljyä toiseen; lopussa öljyä ei juuri ole jäljellä. Suurin osa kiinnittyy lasien reunoihin. Tällä tavoin 1000 rupiaa vähenee 10 rupiaan siihen mennessä, kun se saavuttaa ihmiset. Toisaalta jos Ammalle annetaan 10 rupiaa, siihen lisätään lastensa ponnistelut ja raha moninkertaistuu. Tässä on epäitsekkään antamisen voima, voit aloittaa kahdella sentillä ja päätyä euroon.

Epäitsekäs antaminen on rakkauden rinki. Rinki on täysi kun ne, jotka saavat Amman rakkauden kaukana vihdoin tapaavat hänet. Silloin hän antaa heidän tuntea suoraan sen rakkauden, jonka he sitten kokevat todelliseksi, ikuiseksi ja osaksi heidän todellista omaa luontoaan. Antamalla meille rakkauttaan Amma herättää meissä rakkauden.

Amman inspiraatio on kuin jumalainen kiihdytin. Liikkeelle pantua se toimii valtavalla voimalla melkein omalla painollaan. Se on voima, joka ei tule hallitsemisesta vaan rakkaudesta. Se on tavallisen voiman käsityksemme vastakohta. Tämä rakkaus on avain henkiseen kasvuun muutosprosessiin, jonka Amma saa meissä aikaan. Vain epäitsekkäästä rakkaudesta löydämme tarpeeksi rohkeutta ja kärsivällisyyttä kulkea läpi vaikeiden aikojen.

Jokaista yksilöä kohden, jota Amman rakkaus koskettaa suoraan on myös lukemattomia muita, jotka hyötyvät tästä kosketuksesta. Amma innoittaa hyvin tavallisia ihmisiä tekemään epätavallisia tekoja. Se ei ole vain innostus tehdä sosiaalistyötä, eikä se liioin ole ajatus "tehdä hyvää". Se on paljon enemmän, se on seuraajan tapa ilmaista rakkauttaan Ammaan tai Jumalaan.

Meillä voi olla suhde Amman missä ikinä olemmekaan, sillä Amma sanoo hän on aina kanssamme. Eräällä nuorella tytöllä oli voimakas halu tavata Amma, mutta hän ei kyennyt menemään Amritapuriin niin tehdäkseen. Hän työskenteli palvelijana hyvin ankarassa taloudessa, eikä voinut pyytää työstään vapaata. Hän yritti olla tekemisissä Amman tavanneiden ihmisten kanssa, jotka puhuisivat hänestä ja oli onnellinen saadessaan eräänä päivänä pienen valokuvan Ammasta. Silti hänen halunsa tavata Amma ja saada hänen darshaninsa säilyi voimakkaana. Eräänä iltana useat ihmiset hänen kaupungistaan olivat menossa ashramiin Amman Devi bhava -ohjelmaan ja he kutsuivat hänen mukaansa. Tyttö ei saanut lupaa lähteä heidän mukaansa ja hänen sydämensä särkyi.

Talon omistajien lähtiessä sinä iltana, asettui tyttö makaaman lattialle ja itki. Yhtäkkiä hän tunsi jonkun läsnäolon huoneessa. Hän kohotti päätään ja oli mykistynyt nähdessään Amman Devin asuun pukeutuneena istumassa sohvalla, yllään vihreä sari ja kruunu ja jumalallisen Äidin korut. Hänen ympärillään oli aivan erityinen tuoksu. Tyttö ajatteli ehkä uneksivansa, mutta hän tiesi olevansa täysin hereillä. Amma nosti hänet lattialta, pyyhki hänen kyyneleensä ja laittoi hänen päänsä olalleen sanoen: "Rakas tyttäreni, älä itke. Olen aina kanssasi." Hän piteli tämän kättä ja katsoi syvälle hänen silmiinsä ja sitten yhtäkkiä katosi.

Hänen ystäviensä palatessa seuraavana päivänä tyttö kysyi heiltä minkä värinen sari Ammalla oli ollut Devi bhavassa. He vakuuttivat Ammalla todella olleen yllään vihreä sari. Tästä ihmeellisestä näystä on neljä vuotta ja vaikka tyttö ei ole koskaan päässyt Amritapuriin tapaamaan Ammaan henkilökohtaisesti, hän tietää sydämessään Amman olevan aina hänen kanssaan.

Intiassa Jumaloivaltaneiden Mestareiden opetukset muodostavat katkeamattomana ketjuna Sanatana Dharman (ikuisen uskonnon) perustan. Heidän oivallustensa värähtelyt ja ne suuret totuudet, joita he ovat ilmaisseet, ovat yhä läsnä hienosyisessä muodossa. Amma on tuon ikiaikaisen henkisen ketjun kruununjalokivi.

Amman ollessa kuusitoista hänen nuorempi veljensä näki hänen istuvan takavesien äärellä itkemässä. Ensin hän ajatteli tämän itkevän, koska joku oli moittinut tai lyönyt häntä ja meni hänen luokseen kysymään mitä oli tapahtunut. Amma katsoi veljeään ja sanoi: "Poikani, tunnen maailman surut. Kuulen kärsivän ihmiskunnan itkun ja tiedän myös keinon heidän kärsimyksensä poistamiseksi." Tämä myötätunto on ilmentynyt läpi amman elämän ja on perusta kaikille hänen toimilleen, hänen yrittäessään ojentaa pelastavan kätensä meitä kohti uudelleen ja uudelleen.

Voi olla vaikeaa kuvitella, että Amma tuntee jok'ikisen sydämen syvimmät sopukat, kun hänellä on miljoonia lapsia ympäri maailmaa. Mutta hän osoittaa meistä jokaiselle yhä uudelleen ja uudelleen, että hänellä on kyky kuulla meitä ja tuntea meidät syvimmällä tasolla.

Amma sanoi kerran: "Lapseni ajattelevat etten muista heitä, mutta joka yö Amma menee jokaisen lapsensa luo ja antaa heille hyvän yön suukon."

Jotkut ihmiset puhuvat tulevasta kultaisesta ajasta. Uskon sen tulleen Amman synnyttyä maapallolle. Saada Amma luoksemme on käsittämätön armo. Me kaikki etsimme elämässämme maanpäällistä taivasta. Tiedän mistä olen löytänyt omani!

Tämän epäpuhtaan maailman sisällä lepää autuutesi
Kaikessa luodussa.
Sydämeni värisee odotuksesta
Ajatuksesta pidellä
Sinun kallisarvoista muotoasi.
Tämä halu saa minut jatkamaan
Päivien valuessa tyhjänä ohitse.

Milloin koittaa päivä
Jolloin harhan pilvet haihtuvat?
Pitäen tiukasti ajatusta Sinusta edessäni,
Oivallan etten tiedä mitään.
Tulee turhaksi etsiä mitään muuta.

Yksi lootusjalkojesi kosketus vapauttaa minut,
Ja vajoan autuaana myötätunnon mereesi.

Sanasto

Adivasi: Intian alkuperäiskansoista käytettävä nimitys

AIMS: Amrita Institute Of Medical Science. Amman moderni erikoissairaala Kochinissa.

Amritapuri: Amman pääashram Keralassa, Intiassa.

Amritavarham50: Neljän päivän tapahtuma rauhan ja harmonian edistämiseksi Kochinissa 2003, Amman 50-vuotissyntymäpäiväjuhla.

Arati: Palavan kamferin heiluttaminen kellon soidessa palvonnan päätteeksi symboloimassa egon täydellistä uhrausta Jumalalle.

Archana: Jumalan nimien toistaminen

Arjuna: Kuuluisa soturiprinssi. Rakastettu opetuslapsi, jolle Sri Krishna antoi *Bhagavad Gitan* opetukset noin 3000 ekr.

Ashram: Yhteisö, jossa harjoitetaan henkisiä harjoituksia, pyhimyksen koti.

Atman: Korkein Itse tai Tietoisuus. Tarkoittaa sekä Universaalista sielua että yksilöllistä sielua.

Ayurveda: Intian ikiaikainen lääketieteen perinne.

Bhajan: Antaumuksellinen laulu tai laulaminen

Bhava: Jumalallinen mielentila tai asenne.

Brahmachari: Selibaatissa elävä miespuolinen oppilas, joka tekee henkisiä harjoituksia.

Brahmacharini: Naispuolinen brahmachari.

Chai: Intialainen tee maidon kanssa keitettynä.

Chatti: Pyöreä metallikulho, jota käytetään rakennustyömailla.

Darshan: Näky Jumalasta tai pyhän henkilön vastaanotto.

Devi: Jumalallinen Äiti

Dharma: Velvollisuus tai oikeamielinen vastuu.

Dhoti: Vyötärön ympärille kiedottu miesten lannevaatekappale.

Myötäjäiset: Lahja ja rahajärjestely morsiamen perheeltä hänen miehelleen ja tämän perheelle.

Ego: Rajoittunut "minä"-tietoisuus, joka samastuu rajoittuneisiin kohteisiin, kuten kehoon tai mieleen.

Gopit: Vrindavanissa asuneet lehmipaimentytöt, jotka olivat Krishnan lähimpiä seuraajia, jotka muistetaan korkeimmasta antaumuksestaan häntä kohtaa.

Gunat: Ominaisuudet (Sattva, Rajas, Tamas). Energian ja aineen kolme ominaisuutta, jotka muodostavat ilmentyvän maailman.

Guru: Henkinen opettaja.

Gurudev: "Jumalainen opettaja", perinteinen kunnioittava sanskritinkielinen termi, jota käytetään puhuteltaessa henkistä opettajaa.

IAM: Amman kehittämä "Integrated Amrita Meditation" -tekniikka.

Japa: Mantran toisto.

Kalari: Pieni temppeli, jossa Amma alun perin antoi bhava darshaninsa.

Karma jooga: Toiminnan tie epäitsekkään palvelun kautta.

Karma: Toiminta tai teko. Myös toimintamme aikaansaama seurauksien ketju.

Krishna: Vishnu Jumalan kahdeksas inkarnaatio, jonka opetukset on tallennettu *Bhagavad Gitaan*.

Kurukshetra: Kenttä, jolla Mahabharatan taistelu tapahtui. Tällä paikalla Krishna antoi *Bhagavad Gitan* opetukset Arjunalle.

Mahatma: Kirjaimellisesti "suuri sielu". Hindujen käyttämä nimitys henkisesti kehittyneelle henkilölle. Tässä kirjassa, Mahatma viittaa jumaloivaltaneeseen sieluun.

Mala: Rukousnauha.

Malayalam: Amman äidinkieli. Keralan kieli.

Sanasto

Mantra: Pyhä äänne tai sanojen yhdistelmä, jolla on voima muuttaa ihmisen sisäinen olemus jumalalliseksi.

Maya: Harha.

Om Amriteshwaryai Namaha: Mantra, joka merkitsee "Tervehdys kuolemattomuuden jumalattarelle."

Om Namah Shivaya: Voimakas mantra, joka tarkoittaa "kumarran hyväenteistä ja ikuista Jumalaa".

Pada puja: Perinteinen Gurun jalkojenpesuseremonia.

Panchakarma: Viisi erilaista ayurvedassa käytettyä puhdistustekniikkaa.

Pappadam: Ohut, pyöreä ja rapea leipä, jota yleensä tarjoillaan riisin kera.

Paramatman: Korkein Sielu tai Jumala.

Prasad: Siunattu lahja pyhältä henkilöltä tai temppelistä.

Puja: Seremoniallinen palvonta.

Pujari: Temppelipappi, joka suorittaa perinteistä palvontaa.

Punyam: Ansio, saavutus.

Radha: Yksi gopeista. Hän oli läheisin Krishnalle ja edustaa korkeinta ja puhtainta rakkautta Jumalaan.

Rajas: toiminta, intohimo, yksi kolmesta perusominaisuudesta luonnossa, jotka määrittävät kaiken luodun sisäiset ominaisuudet.

Rudraksha: Yleensä Nepalissa kasvavan puun siemen, joka tunnetaan lääkinnällisestä ja henkisestä voimastaan. Legendaarisesti tunnetaan "Shivan kyyneleenä".

Sadhana: Henkiset harjoitukset, jotka johtavat itseoivalluksen päämäärään.

Samadhi: Ykseydentila Jumalan kanssa. Transendentaalinen tila, jossa kaikki tunne yksilöllisyydestä katoaa.

Sanatana Dharma: Kirjaimellisesti "ikuinen uskonto". Hinduismin alkuperäinen ja perinteinen nimi.

Sankalpa: Päätös, ratkaisu.

Sannyas: Seremonia, jossa maailmasta luopumisen muodollinen vala annetaan.

Sanskrit: Intian ikiaikainen kieli, Jumalten kieleksi kutsuttu.

Satsang: Henkisen puheen tai keskustelun kuuntelu, pyhimysten ja Jumalanpalvojien seura.

Seva: Epäitsekäs palvelu.

Shraddha: Huolellisuus, tarkkaavaisuus, luottamus.

Swami: Munkki. selibaatti- ja maailmastaluopumislupauksen antanut.

Swamini: Naispuolinen swami.

Tapas: Ankaruus, askeesi, joka käydään lävitse henkisen puhdistumisen vuoksi.

Tulasi: Pyhä basilika, lääkekasvi.

Tyagam: (Maailmasta) luopuminen.

Vairagya: Intohimottomuuden tila, takertumattomuus, objektiivisuus.

Vasanat: Menneistä teoista ja aistikohteista jääneet vaikutelmat, piilevät taipumukset.

Vedanta: Filosofinen järjestelmä, joka perustuu pääasiassa *Upanishadeihin, Bhagavad Gitaan* ja *Brahma Sutriin*.

Vibhuti: Pyhää tuhkaa, yleensä Amman prasadina antamaa.

Vrindavan: Paikka, jossa Sri Krishna eli nuorena poikana.

www.ingramcontent.com/pod-product-compliance
Lightning Source LLC
LaVergne TN
LVHW020354090426
835511LV00041B/3046